Antoine Navalon

La boulimie comme rattachement au destin psychique de la mère

Antoine Navalon

La boulimie comme rattachement au destin psychique de la mère

Clinique d'une boulimie masculine

Presses Académiques Francophones

Impressum / Mentions légales
Bibliografische Information der Deutschen Nationalbibliothek: Die Deutsche Nationalbibliothek verzeichnet diese Publikation in der Deutschen Nationalbibliografie; detaillierte bibliografische Daten sind im Internet über http://dnb.d-nb.de abrufbar.
Alle in diesem Buch genannten Marken und Produktnamen unterliegen warenzeichen-, marken- oder patentrechtlichem Schutz bzw. sind Warenzeichen oder eingetragene Warenzeichen der jeweiligen Inhaber. Die Wiedergabe von Marken, Produktnamen, Gebrauchsnamen, Handelsnamen, Warenbezeichnungen u.s.w. in diesem Werk berechtigt auch ohne besondere Kennzeichnung nicht zu der Annahme, dass solche Namen im Sinne der Warenzeichen- und Markenschutzgesetzgebung als frei zu betrachten wären und daher von jedermann benutzt werden dürften.

Information bibliographique publiée par la Deutsche Nationalbibliothek: La Deutsche Nationalbibliothek inscrit cette publication à la Deutsche Nationalbibliografie; des données bibliographiques détaillées sont disponibles sur internet à l'adresse http://dnb.d-nb.de.
Toutes marques et noms de produits mentionnés dans ce livre demeurent sous la protection des marques, des marques déposées et des brevets, et sont des marques ou des marques déposées de leurs détenteurs respectifs. L'utilisation des marques, noms de produits, noms communs, noms commerciaux, descriptions de produits, etc, même sans qu'ils soient mentionnés de façon particulière dans ce livre ne signifie en aucune façon que ces noms peuvent être utilisés sans restriction à l'égard de la législation pour la protection des marques et des marques déposées et pourraient donc être utilisés par quiconque.

Coverbild / Photo de couverture: www.ingimage.com

Verlag / Editeur:
Presses Académiques Francophones
ist ein Imprint der / est une marque déposée de
OmniScriptum GmbH & Co. KG
Heinrich-Böcking-Str. 6-8, 66121 Saarbrücken, Deutschland / Allemagne
Email: info@presses-academiques.com

Herstellung: siehe letzte Seite /
Impression: voir la dernière page
ISBN: 978-3-8416-3012-4

Zugl. / Agréé par: Note de recherche clinique

Copyright / Droit d'auteur © 2014 OmniScriptum GmbH & Co. KG
Alle Rechte vorbehalten. / Tous droits réservés. Saarbrücken 2014

LA BOULIMIE COMME RATTACHEMENT AU DESTIN PSYCHIQUE DE LA MÈRE

Antoine Navalon

LA BOULIMIE COMME RATTACHEMENT AU DESTIN PSYCHIQUE DE LA MÈRE

Clinique d'une boulimie masculine.

20062003

SOMMAIRE

Introduction 4

1ère partie. Cadre de ma recherche et éléments méthodologiques 6

    Chap.1 Cadre conceptuel, problématique et hypothèse 7
        Quelques jalons historiques
        L'économie boulimique
        Problématique, hypothèse et éléments méthodologiques

    Chap. 2 A la croisée de l'institution et du sujet : rencontre avec Jérémie 13
        L'itinéraire de Jérémie, chronique d'une exclusion
        Première rencontre
        Observations cliniques

2ème partie. La boulimie comme tentative de trajet régrédient 20

    Chap.1 L'amalgame boulimique 21
        L'appétence objectale, reflet d'une quête indifférenciée
        L'insuffisance des intériorisations et des assises narcissiques
        L'impossible démarcation entre la sphère sexuelle et le besoin de nutrition

    Chap. 2 Le mal du retour 29
        Régression et court-circuit de la pensée
        La nostalgie de l'objet irreprésentable
        L'incorporation mélancolique

3ème partie. La boulimie comme tentative de « dédommagement » pour la mère 38

    Chap.1 L'incorporation, prototype corporel de l'introjection et de l'identification 39
        Incorporation répétitive, introjection impossible
        La constellation de révolte autour des tendances sadiques et haineuses
        L'identification et ses spécificités dans la boulimie masculine

    Chap. 2 Le dédommagement boulimique 46
        La boulimie comme tentative de « guérison » et de réaffirmation des limites
        Le faux self pour sacrifice
        Réparation maniaque et dédommagement narcissique

Conclusion 56
Bibliographie 59

Introduction

Quête d'une satisfaction introuvable, pathologie de l'excès, besoin compulsif de remplir le vide… : la boulimie est tout cela à la fois, aux confins du soma et de la psyché. Un acte qui dessaisit le sujet de lui-même, exerçant une contrainte inexorable, comme pour s'extraire de l'insupportable vacuité.

De prime abord donc, la boulimie est tout « ça » : émergence pulsionnelle venant envahir le moi, démesure de l'activité buccale, fringale inassouvissable où la sensation de manque prévaut sur le dégoût pourtant éprouvé dans l'acuité de la sensation gastrique. Cette perspective, laissant la part belle à l'oralité et assignant à ce trouble une fixation au stade oral du développement libidinal, ne rend toutefois pas compte de certains aspects cliniques de la boulimie.

S'il est un comportement électivement alimentaire, le trouble boulimique n'est en effet pathognomonique d'aucune structure psychique spécifique et peut tout autant se rattacher aux fonctionnements névrotiques, psychotiques que limites…
Il faut dire que la boulimie appartient au registre de la conduite agie et, comme le rappelle Jeammet, « Plus on est dans le domaine de l'agir, moins on peut s'appuyer sur des représentations renvoyant à des organisations stables et des conflits typiques puisque l'agir surgit en lieu et place du travail psychique de représentation » (1991).

Me voici donc, face à ce comportement aux ramifications multiples, devant l'exigence d'aborder ce thème autrement que ceux que j'ai pu appréhender auparavant. Mes sujets de réflexions précédents ont en effet surtout porté sur de grands thèmes « structurels » de la psychopathologie contemporaine. Entourées de leur épais mystère, les psychoses, mais aussi les pathologies dites limites, exerçaient chez moi une certaine fascination et, même si je m'efforçais de les aborder en termes de processus psychiques dynamiques, je n'en demeurais pas moins influencé par la sémiologie du milieu professionnel au sein duquel j'ai longtemps évolué : la psychiatrie. Par la charge de leur désignation, les tableaux cliniques auxquels je me référais aiguillaient, chemin faisant, mes élaborations théoriques sur des rails trop fléchés.

Certes, comme le rappelle justement Widlöcher (1994), « tout modèle s'éclaire de la pratique dont il se réclame » ou, comme l'assène Bachelard, le savoir se construit avec la méthode : c'est là une nécessité épistémologique qui m'invitera à évoquer mes orientations théoriques et méthodologiques. Mais aujourd'hui, affranchies des repères nosographiques « rassurants », mes interrogations cliniques touchent des thèmes transversaux qui ne peuvent être découpés en tranches bien distinctes et qui placent le sujet – et sa complexité – au coeur d'un questionnement idiosyncrasique.

La boulimie en est un exemple, et c'est parce qu'elle ne ressortit d'aucune modalité d'organisation psychique univoque que nous sommes, face à ce trouble, au coeur de ce qui est aujourd'hui appelé une « pathologie de carrefour »[1] : inassignable – si ce n'est à la position subjective du sujet.

Pour mettre au travail ces réflexions, je m'appuierai sur ma pratique de clinicien, coordinateur d'une équipe éducative au sein d'un service de placement familial. C'est dans ce cadre que j'ai eu l'occasion de rencontrer Jérémie, un adolescent de 14 ans souffrant de conduites alimentaires massives.

Partir du sujet – en l'occurrence ma rencontre avec Jérémie – et m'interroger ensuite, en me décentrant de son cas, sur la fonction que remplit le comportement boulimique : telle sera donc ma préoccupation à partir de l'énoncé préalable d'une problématique et d'une hypothèse qui guideront cette présente note de recherche.

---

1 : Expression notamment employée par B. Brusset (1991). Dans une visée plus spécifique, M.-C. Célérier (1977) parle de « symptôme carrefour » entre le non-sens psychosomatique et le signifiant hystérique.

Première partie

CADRE DE MA RECHERCHE ET ELEMENTS METHODOLOGIQUES

Chapitre 1
Cadre conceptuel, problématique et hypothèse

Quelques jalons historiques

Si les études épidémiologiques mettent en évidence une progression constante des conduites boulimiques (et anorexiques) dans les sociétés modernes occidentales, force est de constater que ce trouble a de tous temps existé, montrant ainsi la part déterminante de facteurs autres que socioculturels, au premier rang desquels on soulignera la dimension psychique.

Déjà dans l'Antiquité grecque, apparaît la notion d'hyperphagie impulsive sous le nom de « cynorexie ». Galien évoquait cette « grande faim » éprouvée à des intervalles courts. Jusqu'au XVIIIème siècle, la boulimie reste perçue comme un dysfonctionnement digestif lié à une « humeur acide gastrique » (comme l'écrira R. James en 1743). Blankaart marquera un premier point de rupture avec la pensée scientifique dominante – qui attribuait à la boulimie une causalité organique – en définissant ce trouble comme un « appétit extraordinaire » s'accompagnant fréquemment d'une « défaillance des esprits ».

Il faut toutefois attendre la fin du XIXème siècle pour que s'affinent pareilles intuitions. C. Lasègue (1873) évoque les « faux appétits exigeants » comme une expression de l'angoisse : « Chez quelques hystériques, on observe ces faux appétits exigeants, impérieux au même degré que chez certains diabétiques. Presque tous les malades obéissant à une hypothèse théorique, partent de l'idée que leur malaise est dû à l'inanition et qu'ils réussissent à l'aide d'une nourriture ». P. Janet (1903) rattache plus explicitement la boulimie aux symptômes névrotiques en partant de l'observation d'une patiente : « De temps en temps, elle s'oublie jusqu'à dévorer gloutonnement tout ce qu'elle rencontre... Elle a des remords horribles de cette action, mais elle la recommence tout de même ».

Mentionnons enfin l'abord de Binswanger et pour commencer le témoignage déchirant d'une de ses patientes qui se suicidera : « Il reste le grand trou non rempli. La compulsion d'avoir toujours à penser à manger devient le coeur de ma vie, c'est comme un mauvais esprit... cela me poursuit comme les remords poursuivent un meurtrier et fait du monde une caricature ». Père de la Daseinanalyse[2], Binswanger (1991) soulignera la rupture du sentiment de continuité de l'existence du boulimique et sa temporalité singulière : un temps haché, détaché du continuum temporel (passé-présent-futur) et confiné en des maintenants distincts.

> « *Ayant perdu la continuité existentielle de l'histoire intérieure de sa vie, il vit finalement de moments en moments mais insatisfait en chacun, à peine a-t-il comblé le vide du présent au moyen de joie sensations, intoxications, gains, sucreries qu'il est toujours saisi par l'irréalité de son expérience sous la forme d'une insatisfaction et se cramponne à une répétition immédiate de ses actions* ».

L'économie boulimique

Au-delà de sa dimension phénoménologique, cette dernière description trace une première ligne de force à laquelle Freud donnera son épaisseur pulsionnelle : la recherche compulsive d'une satisfaction autrement introuvable. « Il manque toujours quelque chose, écrit-il, pour que la décharge et la satisfaction soient complètes – en attendant toujours quelque chose qui ne venait pas – et cette part manquante, la réaction de l'orgasme, se manifeste en équivalents dans d'autres domaines » (1938). Ce propos, Freud ne le référait pas spécifiquement à la boulimie (thème sur lequel il écrivit peu de façon explicite), mais il peut aisément s'appliquer à ce comportement ainsi que le rappel Brusset : « La boulimie illustre cette logique de la pulsion sexuelle qui, empêchant la satisfaction complète, rend possible la sublimation. À défaut de celle-ci, la répétition dans la démesure tend à se faire sans limite : une folie érotique et destructrice » (1991).

---

2 : La daseinanalyse s'attache à comprendre le mode de présence de l'homme au monde (ainsi que l'évoque le terme allemand *dasein*, « être-là »).

Si cette perspective met en relief l'émergence pulsionnelle propre à la boulimie – sa fonction de décharge et sa valeur résolutoire transitoire –, elle souligne aussi la fonction substitutive que les manifestations boulimiques remplissent. Là encore, c'est en traçant un parallèle avec un autre thème de Freud (la dipsomanie) que ses écrits sont susceptibles d'éclairer la problématique boulimique : dans une lettre adressée à Fliess (1897), Freud introduit en effet l'idée d'une compulsion substitutive de la pulsion sexuelle réprimée : « La dipsomanie s'était produite par renforcement (ou plutôt par substitution) d'une pulsion venue remplacer la pulsion sexuelle associée »[3].

Du point de vue du premier dualisme pulsionnel (pulsion d'auto-conservation et pulsion sexuelle), Freud oscillera entre des positions différentes au fur et à mesure de son oeuvre. En 1926, abordant plus directement le thème de l'alimentation, il rattachera l'inappétence à un retrait de la libido et la « compulsion à manger » à l'angoisse d'inanition[4].

Quoi qu'il en soit, la boulimie s'inscrit, dès les premiers écrits de Freud, dans les symptômes de la névrose d'angoisse (ainsi qu'il l'indiqua en 1895 en citant les « accès de fringale ») et, plus largement, dans le cadre des névroses actuelles. « Ce concept de névrose actuelle rend bien compte, précise Couvreur, de ces pathologies où l'appareil psychique semble asservi à l'aspect quantitatif de l'excitation, incapable, en raison des carences plus ou moins profondes, d'y faire face autrement que sur un mode comportemental ou somatique » (1991).

Loin de subsumer tous les aspects cliniques de la boulimie, ces premiers jalons théoriques ne rendent compte que d'une logique économique de l'appareil

---

3 : Plus tard, Freud (1926) mettra en évidence la « fonction anesthésiante » inhérente à la dipsomanie, ainsi que son rôle de « protection » : deux fonctions qu'il est possible d'étendre, jusqu'à une certaine mesure, à la boulimie. La dimension addictive de la boulimie est notamment corroborée par K. Abraham : « Le comportement de tels patients, avides de nourriture et tourmentés s'ils ne sont satisfaits, rappelle de façon surprenante celui des morphinomanes et de certains buveurs. En ce qui concerne ces états, la psychanalyse a pu montrer que le poison enivrant procure au malade une satisfaction substitutive des activités libidinales qui lui échappent. La boulimie compulsionnelle de certains névrosés a la même valeur » (1916).
4 : « La perturbation la plus fréquente de la fonction alimentaire est l'inappétence par retrait de la libido. Les cas d'intensification de l'appétit ne sont pas rares non plus ; une compulsion à manger est motivée par l'angoisse d'inanition » (Freud, 1926).

psychique, laissant entières plusieurs questions importantes qu'il convient d'aborder dans le cadre de notre problématique de recherche. Les conduites boulimiques renvoient en effet désormais à une métapsychologie productrice de nombreux modèles théoriques susceptibles d'éclairer différemment la réflexion sur ce trouble qui occupe plus que jamais une position transnosographique et même transstructurale (Jeammet, 1991).

Problématique, hypothèse et éléments méthodologiques

Un lieu commun pour commencer : par l'expérience de plaisir et/ou de frustration qu'elle procure – et réactualise –, l'alimentation constitue un moyen privilégié d'observation des relations précoces mère-enfant (comme l'ont montré de nombreux cliniciens). De ce fait, la boulimie vient mettre au premier plan deux axes de réflexion incontournables :

- le rapport du sujet au principe de plaisir-déplaisir et au principe de réalité ;

- les modalités de relations primaires à l'objet et ses enjeux narcissiques.

Si, en m'engageant sur cette double articulation, je privilégie l'idée communément partagée selon laquelle l'économie boulimique trouve, pour partie, ses origines dans les premières transactions entre mère et enfant, il convient de préciser l'objet de mon questionnement.

Quels rapports la boulimie entretient-elle avec l'expérience originaire de la satisfaction du besoin que constitue l'expérience du sein, prototype de l'expression de la satisfaction sexuelle ? S'il est aisément concevable que ce premier lieu de la séduction originaire ait été entaché de carences, voire de dysfonctionnements graves, la boulimie vient-elle traduire l'impossible démarcation entre la satisfaction sexuelle et le besoin de nutrition qui, à l'origine, ne faisaient qu'un ? Exerce-t-elle chez le sujet une forme de contrainte, celle de revenir perpétuellement en ce lieu perdu de l'objet désiré, que seule la décharge motrice permet de retrouver à défaut de processus de pensée permettant l'activité de représentation ?

Le processus d'incorporation propre au raptus boulimique vient-il alors rendre compte d'un mécanisme analogue à la mélancolie de l'objet perdu – insuffisamment trouvé pour être psychiquement créé –, laissant aussi libre cours aux tendances sadiques et haineuses de la dévoration maniaque ? Pourrions-nous alors dire que l'acte boulimique condense dans un même geste (le « réflexe du frigidaire ») l'ambivalence du sujet à l'égard d'un objet maternel inélaborable ?

C'est donc à partir de ce questionnement (traité dans la deuxième partie de cette étude) et en m'appuyant sur mon cas clinique (Jérémie) que je m'interrogerai sur la fonction que remplit la conduite boulimique. Comment toutefois procéder et détacher d'une toile de fond à multiples feuillets la question centrale de cette recherche sans céder à l'écueil d'un trop-plein interprétatif s'efforçant de combler le vide représentationnel à la manière du boulimique ? En avançant par touches successives, je resserrai mon sujet dans la troisième partie autour d'une problématique centrale qui se posa à moi en côtoyant Jérémie et qui se fit de plus en plus vive en découvrant la nature de sa relation avec sa mère : la fonction réparatrice de l'acte boulimique.

C'est alors vers la question du lien qui attache l'enfant au destin psychique de la mère que s'orientera plus précisément l'axe de ce travail à partir de cette hypothèse :

Le sujet boulimique paye de sa personne et de son corps – surinvesti narcissiquement – pour éviter l'effondrement de sa mère, dans une position sacrificielle le dessaisissant de lui-même.

D'un point de vue terminologique, précisons que nous retenons une définition large de la boulimie : toute conduite ressentie comme une contrainte à manger de façon excessive. Loin de nous restreindre à une taxinomie spécifique ne retenant que les formes avec vomissements (classées par certains comme seules véritables boulimies), nous nous situons donc dans le sillage de Jeammet (1991) et entendons par conduite boulimique « cette double constance de la contrainte à l'agir et de la forme boulimique de la réponse ».

D'un point de vue méthodologique, mon travail de recherche s'appuiera sur une situation clinique issue de ma pratique professionnelle. Celui-ci sera toutefois irréductible à celle-ci et s'en détachera progressivement. Il me paraît en effet erroné de rechercher le sens des conduites boulimiques à partir d'une seule situation, mais non moins infondé de s'en abstraire puisque c'est à partir de celle-ci que s'origine mon propre travail de pensée. En outre, Jérémie, l'adolescent que je décrirai, présente des conduites analogues à d'autres sujets boulimiques avec lesquels j'ai eu l'occasion de travailler : analogues dans le lien qu'ils entretiennent avec la nourriture et qui se reflète moins dans un type d'organisation psychique « mentalisé »[5] que dans un « style » de relation à autrui, fait d'intensité, d'avidité et de rejet.

Cependant, ce n'est nullement parce que mon cas est plus représentatif de la boulimie qu'un autre qu'il a été ici retenu, mais parce qu'il me permet de mettre en travail de nouveaux axes de réflexion qui étaient déjà en germes. En ce sens, il répond à un « argument de correspondance » selon l'expression de Grünbaum (1984), me permettant de nourrir mon sujet sans néanmoins le cloisonner.

Reste toutefois cette question épistémologique à laquelle je me suis heurté en entamant ce travail : une note de recherche peut-elle prétendre avancer une connaissance, fût-elle hypothétique, en s'appuyant sur un cas tenu pour un fait ? Il va sans dire qu'elle ne peut répondre à l'exigence scientifique de la preuve ou la reconnaissance universelle d'une vérité. « La connaissance acquise par la

---

5 : Jeammet insiste sur le fait qu'il faut chercher les éléments de comparaison de la boulimie dans ce qui appartient au registre de la conduite agie et celui du style relationnel, et non pas dans « ce qui se rapproche d'éléments que l'on peut retrouver dans d'autres organisations plus "mentalisées" (hystériques, phobiques, obsessionnelles, persécutives ou dépressives…). […] De tels éléments peuvent être indûment considérés comme éclairant la conduite boulimique, alors que celle-ci révèle en fait leur échec à permettre à cette problématique de demeurer dans le registre du psychique» (1991).

pratique ne progresse pas suivant les mêmes voies [que la science], écrit Widlöcher. Elle ne dépend pas de preuves précises mais d descriptions, de constructions et de probabilités (…) qui dépend d'un univers de connaissance » (1995)[6].

Partir d'un cas particulier puis l'élargir pour élaborer mon thème de recherche ; resserrer ensuite mon champ d'investigation vers l'abord métapsychologique de la boulimie : c'est ainsi dans ce double mouvement que s'inscrit le cheminement de ce travail qui, en partant d'un registre purement descriptif (mes observations cliniques sur les conduites de Jérémie), s'efforcera ensuite de chercher, du plus visible au plus profond, le sens de l'économie boulimique.

Chapitre 2
À la croisée de l'institution et du sujet : rencontre avec Jérémie

Aujourd'hui, ma pratique est celle de coordinateur d'une équipe éducative accueillant des adolescents et des enfants exclus, indésirables, « incasables ». Malgré dix années d'expérience préalable en pédopsychiatrie (en qualité d'éducateur spécialisé), je reste marqué par la situation de ces exclus, de « ces enfants dont on ne veut pas ». De quoi s'agit-il que l'on ne voudrait voir, revoir ou (re) se voir ? Boucs émissaires dont la fonction permet de fixer l'agressivité latente du groupe et ainsi mettre à distance le mauvais objet (Anzieu) ? Objets phobiques qui viennent mettre à mal nos capacités soignantes et dévoiler la bivalence pulsionnelle de l'institution dans l'opposition soigner-détruire (Kaës) ? Autant de questions que l'histoire singulière d'un adolescent, Jérémie, a plus

---

6 Construite sur un mode hypothético-déductif, la réflexion clinique doit donc se départir de l'illusion d'une objectivité, pour au contraire laisser la place à la dimension subjective de celui qui la mène. Si elle impose de penser sa propre façon de penser l'autre, « ce n'est pas, dit Widlöcher, le contenu réel du psychisme du patient qui constitue le "fait" : le "fait" est ce qui est construit par l'interaction entre les deux psychismes » (1995).

particulièrement éveillées en moi au décours de nos rencontres. Boulimique, violent, en proie à d'indicibles angoisses, Jérémie condense à lui seul maintes perplexités face auxquelles l'institution reste muette. Depuis son exclusion de l'hôpital de jour et des placements familiaux, on ne lui accorde aucun espace de prise en charge globale. Ici, le « on » englobe le collectif auquel ma nouvelle fonction m'a rendu sensible, aussi bien le soin et le social que l'éducatif et le politique. C'est ainsi au carrefour de la clinique du sujet et de la clinique institutionnelle qu'ont émergé mes premiers questionnements avant que ceux-ci ne se resserrent autour des comportements boulimiques de cet adolescent.

L'itinéraire de Jérémie, chronologie d'une exclusion

Quelques données anamnestiques sont à ce stade nécessaire pour comprendre la situation familiale de Jérémie. Sa fratrie est composée de deux demi-soeurs (âgées aujourd'hui de 24 et 6 ans), un demi-frère (17 ans) et un frère (15 ans), tous abandonnés et placés en famille d'accueil dès la naissance en raison des troubles psychopathologiques de leur mère.

Un an après le placement de Jérémie, son frère Boris révèle à sa famille d'accueil les abus sexuels de sa mère dont lui et son frère ont été l'objet, ainsi que les comportements violents de son père alcoolique. La procédure judiciaire engagée confirmera les comportements incestueux de la mère. Cette dernière sera reconnue « irresponsable », condamnée à une peine de principe par le tribunal correctionnel en raison des sévices sexuels exercés.

Pendant la procédure, la mère dira : « C'est fini, je veux plus entendre parler de Boris, ce n'est pas un enfant de neuf ans qui va mettre sa mère en prison. Il est rayé... Il m'en restera un, c'est mon fils Jérémie, le gros ». Le père qui n'a jamais vraiment vécu auprès de Jérémie ajoutera quant à lui : « Ma femme doit se faire soigner, elle est insupportable et pour elle un enfant chasse l'autre ».

Quatre ans plus tard, il mourra d'un coma éthylique.

Jérémie est le seul enfant a ne pas avoir été placé à sa naissance, mais à l'âge de 4 ans. Il était « collé » à sa mère qui assénait : « Je ne veux pas le couper de moi ». La présence du père à la naissance faisait espérer au service AEMO un effet structurant susceptible de contrecarrer la pathologie maternelle. Au moment du placement, les troubles mentaux sévères de la mère ne s'étaient nullement stabilisés, ce qui rendait difficile, voire impossible l'accompagnement éducatif en milieu ouvert.

Pour cet enfant, un bilan hospitalier révélait un retard du développement important sur le plan psychomoteur et cognitif qui fût attribué à des carences éducatives et nutritionnelles graves. Concomitant à ce bilan, Jérémie fut hospitalisé pendant trois semaines, suite à une ingestion grave d'eau de javel.

À partir de la mesure de placement familial, voici une chronologie des faits qui ont jalonné l'itinéraire de Jérémie.

1993. En raison donc du dysfonctionnement grave du lien mère-enfant et des conduites éthyliques du père, Jérémie, âgé de 4 ans, est placé dans le service d'accueil familial au sein duquel je travaille. Ce placement s'accompagne alors d'un « dispositif partenarial entre le scolaire et le soin »[7] afin d'enrayer la confusion psychique produite par une relation mère-enfant décrite comme « toxique ».

1994-1995. Jérémie est déscolarisé par l'éducation nationale. Au sein de sa famille d'accueil, des débordements surviennent rapidement et laissent apparaître agressivité et violence. Jérémie intègre alors un hôpital de jour avec une nuit d'internat par semaine.

1997. Premiers signes d'essoufflement de sa famille d'accueil qui est soulagée par le relais d'autres familles d'accueil. Le temps d'internat s'étend à trois nuits par semaine.

---

7 : Prise en charge orthophonique, groupal en CATTP et scolaire avec une convention d'intégration entre l'hôpital et l'école.

1998. L'hôpital de jour ne peut contenir l'éclatement et l'agressivité de Jérémie à l'égard des plus jeunes, du personnel féminin et du matériel. Jérémie se voit rejeté et exclu des différentes familles d'accueil fréquentées lors de ses relais de dépannage.

2000. À l'aube de l'adolescence et passé l'âge légal d'accueil en pédopsychiatrie (12 ans), Jérémie ne peut poursuivre le chemin emprunté en hôpital de jour. Sa famille d'accueil sans toutefois rompre le contact avec l'enfant, refuse désormais de rester seule face à ses difficultés et de suppléer la carence des systèmes de soin et d'éducation.

En septembre 2001, après maints refus essuyés, Jérémie se retrouve au ban des dispositifs d'accueil et de soin. Le service de placement familial assume alors seul son placement judiciaire et nous avons alors dû inventer un dispositif pouvant accueillir ce jeune adolescent. Au quotidien, je me trouvais donc aux côtés d'une équipe – dont le désarroi fut vite manifeste face aux conduites boulimiques et agressives de Jérémie –, coordonnant un dispositif d'accueil en guise de substitut parental avec une double injonction thérapeutique et judiciaire[8] de maintenir une séparation d'avec sa mère.

Aujourd'hui comme hier, Jérémie fait peur. Prompte à le rejeter, l'attitude de l'institution – au sens large du terme – reflète pour partie l'histoire de Jérémie tout autant que les processus psychiques en jeu dans ses troubles alimentaires. Ne vient-elle en effet pas répéter l'abandon familial et le symptôme incorporation-rejet ? L'institution ne tend-t-elle pas à réagir, malgré elle, selon la structure même du problème à laquelle elle est confrontée[9] ? Autant de questions qui venaient aussi interroger ma place dans l'institution avant que je ne recentre ma réflexion sur la clinique de la boulimie.

---

8 Selon l'article 350 de procédure d'abandon.
9 Je reprends ici une idée de Kaës selon laquelle « toute institution a tendance à s'organiser selon la structure même du problème pour lequel elle a été créée, qu'elle a pour tâche primaire de traiter » (1987).

Première rencontre

Les observations ci-dessous témoignent simplement de ma rencontre avec Jérémie et sont, de ce fait, exemptes de modèles théoriques pré-pensés. La théorisation trop précoce est souvent, comme l'écrit Ciconne (1998), « une défense contre la souffrance que génère le contact avec la vie émotionnelle, et contre l'inconfort que produit l'état d'ignorance dans lequel plonge la situation nouvelle ». Jérémie a 12 ans lorsque je le rencontre pour la première fois. Sa grande taille et sa corpulence en font un adolescent imposant. Son regard, fait de contraste, me frappe d'emblée. Derrière ses grands yeux rieurs, se lit toute sa souffrance et sa détresse, mais aussi une volonté de capter l'attention de son interlocuteur, une appétence du contact qui le démange. Bien présent dans l'échange, Jérémie se montre en effet curieux et avide de relation ; il dissimule toutefois une angoisse aisément perceptible. Dès nos premiers échanges, Jérémie parle, il parle même beaucoup, avec facilité et profusion. Il pose inlassablement maintes questions qu'il répète à tue-tête sans en attendre de réponse. Ce tourbillon de présences m'étourdit et me donne l'impression que Jérémie multiplie les preuves de son existence. Cette quête se traduit aussi par son envie – qu'il réprime difficilement – de toucher son interlocuteur, de l'enlacer, de l'embrasser, voire de le dévorer par sa bouche ou ses grands yeux gourmands.

Observations cliniques

Pendant une année, Jérémie a montré à quel point son angoisse pouvait l'assaillir. Pour tenter de s'en extraire, il a fait feu de tout bois, déployant sa grossièreté, sa crudité, sa brutalité et son agressivité. Violence dirigée, si ce n'est contre lui-même, sur les adultes l'accompagnant au quotidien et plus particulièrement à l'endroit du personnel féminin. Reflets de sa difficulté d'élaboration psychique, ses recours à l'agir furent l'objet principal de notre attention initiale, nous détournant pendant un temps de ses comportements alimentaires jugés alors moins préoccupants. Aujourd'hui, grâce aux efforts conjoints des membres de notre équipe, Jérémie parvient d'avantage à médiatiser son agressivité à travers la parole et à travers des activités sportives, culturelles et scolaires.

Se révèlent depuis lors au grand jour ses conduites boulimiques massives, bien inscrites et toutes aussi violentes, empruntes d'une impulsivité que Jérémie ne parvient à contrôler. Les manifestations de Jérémie semblent déployées à leur acmé dans son passage à l'adolescence et avoir pour fonction de l'empêcher de s'effondrer.

Tout petit déjà Jérémie est qualifié d'obèse par sa mère qui se plaint de ne pouvoir retenir ses caprices d'estomac : il éprouve des faims qui le forcent à manger toute la journée, le nez dans la poubelle ou à ramasser encore une banane trouvée par terre à l'extérieur. Sa mère le surnomme « le gros », terme qu'elle lui accole « affectueusement » pour qualifier ses envies frénétiques de dévoration.

Ce sont des demandes incessantes de nourriture que je constate moi aussi depuis le placement de Jérémie dans le Dispositif d'Accueil Spécialisé. C'est ainsi qu'il n'a de cesse de demander l'heure, dans l'attente impatiente du repas ou du goûter. Il lui arrive même de se lever la nuit en l'absence de la surveillance de l'adulte pour voler de la nourriture. En journée, il se cache dans les toilettes pour y dévorer son « butin ». On peut cependant quelquefois apaiser ce besoin compulsif, non pas en lui donnant à manger, mais en l'informant et en le rassurant quant aux projets et aux activités qui le concernent.

Au travers de cette boulimie, Jérémie semble vouloir s'engourdir avec la nourriture pour se laisser couler dans le vide et l'irresponsabilité, ce qu'il reconnaît lui-même lorsqu'il nous dit : « Je ne veux rien faire d'autre que manger parce que je suis fou alors, j'irai à l'hôpital ». On sent bien aussi que le sentiment de vide l'assaille. Vide corporel que le remplissement addictif cherche à occulter pour « étouffer l'enfant avide en lui » (Fedida, 2000). « Enfant avide » face auquel sa mère est restée dans l'impossibilité de le contenir, tant ses angoisses sont débordantes.

À partir de ces premières données cliniques que nous reprendrons progressivement au fur et à mesure de notre recherche (en particulier dans la troisième partie), examinons à présent les premiers enjeux de la problématique boulimique, sous l'angle narcissique et objectal, dans le droit fil de notre questionnement initialement posé plus avant.

Deuxième partie

LA BOULIMIE COMME TENTATIVE DE TRAJET REGREDIENT

Chapitre 1
L'amalgame boulimique

Si, à travers le cadre conceptuel puis à travers l'exemple de Jérémie, nous avons souligné la fonction de décharge de l'acte boulimique et sa valeur résolutoire transitoire, il convient à présent de prolonger ces premières vues en essayant de comprendre le mode de relation que le sujet boulimique instaure avec l'autre.

L'appétence objectale, reflet d'une quête indifférenciée

Comprendre le processus boulimique exige en effet de nous interroger, du plus manifeste au plus latent, sur le « style de relation » aménagé par le boulimique, reflet intime du lien entretenu avec la nourriture. Cette relation, marqué par le « tout ou rien », où alternent avec une égale intensité l'avidité et le rejet, témoigne de l'expression d'une difficulté manifeste à gérer la distance relationnelle.

Cette difficulté s'est imposée dès mon premier contact avec Jérémie et à mesure que notre relation s'est prolongée. Tour à tour surinvesti et désinvesti, ce n'est pas tant ce que je représentais personnellement qui importait à Jérémie que mon rôle fonctionnel. Si cette forme de communication purement fonctionnelle joue, à l'évidence, un rôle dans l'économie narcissique du sujet, elle témoigne, d'un point de vue phénoménologique, d'un rapport au temps et à l'autre qui n'est pas sans rappeler les modalités d'aménagement relationnel du maniaque :

- Fonctionnement dans le pur « maintenant » qui n'accepte pas la résistance de l'autre (« je ne suis pas tel que tu me vois »), car résister à l'impression immédiate impliquerait qu'il y ait autre chose que l'immédiat.

- Difficulté à appréhender l'autre dans son altérité essentielle ainsi que l'écrit Binswanger : « L'autre perd le caractère phénoménologique de l'*alter ego* et devient simple *alius*, un parmi d'autres, étranger donc » (1960).

Il en résulte, pour l'interlocuteur, un sentiment de n'être que le faire-valoir des monologues du sujet, lequel est dépourvu de sa capacité à accueillir et ordonner la présence de l'autre dans toute sa singularité. Même s'il convient de nuancer la comparaison que nous établissons ici entre le mode de fonctionnement boulimique et celui propre à la manie – analogie dont nous apprécierons plus loin la fécondité –, l'un et l'autre ont pour point commun de présider à un mode de relation chosifié. Cette « chosification » rend difficile toute rencontre sur le sol d'une intersubjectivité éprouvée et c'est peut-être de ne pouvoir suffisamment l'éprouver que le sujet boulimique se montre parfois exaspéré au point de fuir l'objet de son excitation avide.

Se révèlent ici les paradoxes de la personne boulimique : avide d'empoigner les possibles d'un monde qui se dérobe à elle dans l'éventail de ses usages quotidiens, en quête incessante d'un objet à consumer, avec pour corollaire « une excitation interne permanente que la rencontre avec l'objet aggrave plus qu'elle ne la calme, l'obligeant à le fuir dès qu'elle le trouve par le rejet, la fuite, le retrait autistique ou l'indifférence » (Jeammet, 1991).

La relation boulimique se caractérise ainsi d'abord par une appétence objectale en étroite résonance avec l'avidité et l'écoeurement qui marque le rapport à la nourriture. En ce sens, le premier contact fait parfois illusion, tant la relative aisance et richesse de la relation immédiate peut occulter le fait que le sens s'efface devant la prégnance de l'affect, que le foisonnement trompeur du discours masque une détresse et une fragilité des assises narcissiques[10].

Il nous faut donc pousser plus loin l'analyse des relations objectales du boulimique en soulignant l'homologie entre la relation aux objets externes et

---

10 : Jeammet souligne que le premier contact avec les sujets boulimiques est volontiers trompeur car il peut conduire à surestimer leurs capacités d'élaboration psychique. « Contrairement à d'autres pathologies du comportement et à l'anorexie mentale notamment, leurs productions fantasmatiques sont riches et elles auraient plutôt tendance à nous inonder. Cette richesse est bien la preuve de leur capacité de représentation mais celle-ci doit être sérieusement nuancée par deux constats : celui d'une crudité fantasmatique avec une signification trop claire du contenu, le latent et le manifeste ne faisant plus qu'un ; et celui d'une contrainte à fantasmer avec une tachypsychie qui n'est plus une liberté associative mais une nécessité de produire du représentatif pour masquer un danger sous-jacent, qui lui n'est pas aisément accessible à un travail de représentation » (1991).

celle aux objets internes, et en nous intéressant au conflit d'articulation entre narcissisme et relation d'objet.

L'insuffisance des intériorisations et des assises narcissiques

Il y a, comme nous l'avons vu, quelque chose de tremblé, de fiévreux dans l'intérêt que le sujet boulimique témoigne à l'égard des objets externes – ainsi que j'ai pu l'observer chez Jérémie. Relation oscillant entre le chaud et le froid, entre l'expression d'une dépendance extrême et le besoin d'éloignement. Ces deux attitudes opposées – entre appétence de l'objet et dénigrement – ne sont paradoxe qu'apparent en ceci que l'une et l'autre répondent à un même dessein : ne pas éprouver la sensation de manque, de perte, par collage à l'objet ou par une recherche vaine de n'en pas dépendre (« Si je me suffis à moi-même, la perte de l'objet ne m'atteindra pas »). Nous percevons sans peine dans cette modalité particulière du lien (recherché/attaqué) une relation empreinte d'anaclitisme dont l'étymologie rappelle la polysémie du terme « contre » (accolé/opposé).

Vu sous ce jour, l'agrippement du sujet boulimique aux objets externes, sa dépendance à ce monde de l'externalité, témoignent d'une lutte contre les angoisses dépressives (dont nous apprécierons plus loin la portée) consubstantielle à une défaillance des processus d'intériorisation. C'est en effet de ne pouvoir introjecter l'objet et, corrélativement, de ne pouvoir lui conférer son épaisseur interne que le sujet a besoin de l'objet réel externe pour se soustraire à l'insupportable vacuité.

Cette relation de cramponnement à l'objet nous semble au coeur des dysrégulations narcissiques et objectales auxquelles le sujet boulimique est en proie. Elle montre en effet que l'estime qu'il a de lui-même est tributaire d'un support externe ne parvenant jamais à s'affranchir de l'objet, lequel devient la source intarissable de son ravitaillement narcissique. Analysant cette sensibilité à l'égard des sources de valorisations externes, Jeammet écrit : « Le fond commun aux deux niveaux [objectal et narcissique] repose sur une vulnérabilité faite de cette dépendance à l'égard des objets de la réalité externe et de leurs réponses pour assurer l'équilibre narcissique du sujet » (1991). La boulimie apparaît de la sorte comme un « compromis entre deux échecs », ainsi que le souligne l'auteur : celui de l'intériorisation de l'objet, et celui des défenses narcissiques.

L'anamnèse des sujets boulimiques vient corroborer ce constat : enfants ayant, à l'image de Jérémie, souffert de dépressions maternelles, de conflits familiaux, mais aussi de distorsions des interrelations et de défauts d'étayages précoces. Autant de situations fragilisant les assises narcissiques du sujet qui, au décours de l'adolescence, peut se sentir dévoré par une contrainte interne prompte à se traduire rythmiquement par des conduites agies[11] en raison de la fragilité des processus de liaison et d'intériorisation.

À ce titre, même si les troubles alimentaires sont loin d'être le seul recours à un contexte familial carencé, l'aliment occupe une place de choix en tant qu'il tient lieu d'objet toujours là, à portée de main, assurant de ce fait la permanence de la possibilité d'apaisement[12]. Sa présence rassurante, toujours potentiellement accessible (frigidaire plein, réserve alimentaire sous le lit…), lui confère une fonction préservatrice du lien à l'objet. « Sa possession réelle [est] surinvestie aux dépens de l'économie de sa représentation et du destin interne de celle-ci » (Brusset, 1984).

Nous pourrions alors dire que son incorporation se substitue à l'impossible introjection : à ne pouvoir s'exprimer à travers la satisfaction hallucinatoire, les associations, la rêverie…, les capacités introjectives sont court-circuitées au

---

11 : Les sautes d'humeur de la mère vécues si souvent par Jérémie rappellent aussi cette rythmicité des crises boulimiques.
12 : « Il est de ce fait possédable, rejetable, destructible dans l'acte consommatoire, écrit Brusset, et cependant toujours disponible » (1991).

profit d'un besoin physiologique générant ce que Braunschweig et Fain (1975) appellent des « néo-objets » qui prennent le pas sur les objets de la réalité externe (ressentis en fin de compte comme insatisfaisants, voire dangereux).

Ajoutons à ce stade que si cette quête « néo-objectale » répond à l'échec du commerce narcissique et, il va sans dire, à l'insuffisance du travail d'élaboration intrapsychique, elle ne vient pas tant traduire une recherche libidinale que celle plus exclusive de contact et de sensations plus ou moins violentes : un surinvestissement de la sensation13 qui, selon Birot (1990), peut être interprété comme un contre-investissement du monde interne et qui, d'autre part, souligne la fragilité des limites entre dedans et dehors. Nous verrons ultérieurement, à travers les traumatismes cumulatifs subis par Jérémie, que la constante réaffirmation des limites sur le désir répond à la faiblesse des structures pareexcitantes, objets de multiples effractions.

En tout état de cause, c'est le primat de l'expérience sensorielle qui prévaut dans la boulimie : le contact buccal avec la nourriture et sa prolongation intérieure : l'acuité de la tension gastrique favorisée par le choix électif d'une nourriture à caractère bourratif. Cette double sensation – externe et interne – démontre au passage l'indétermination entre contenant et contenu : le contenu de l'objet nourriture ayant un rôle contenant grâce à l'expérience enveloppante que procure la sensation de réplétion. Insistons donc ici sur cette prééminence de la sensation que la nourriture à disposition permet d'éprouver dans l'immédiateté ainsi que le note Jeammet (1991) :

> « *L'acuité de ce sentiment d'urgence reflète bien l'essentiel de l'économie psychique de ces sujets : le nécessaire recours à une "pratique d'incorporation" par laquelle, grâce au percept et plus encore la sensation, le sujet colle à son objet ou plus exactement à ce néo-objet qu'est la nourriture* ».

---

13 : Les résultats aux tests projectifs, en particulier au Rorschach, confirment ce surinvestissement : « Les zones frontières, les surfaces sont très investies : la peau , les fourrures , les vêtements sont des lieux de plaisir, de souffrance, d'attaque, mais sont avant tout des lieux de sensations » (Birot, 1990).

Ce corps à corps avec l'objet – que l'auteur précité rapproche de la « relation d'intimité » du pervers (mise en évidence par Khan, 1979) et qui, d'autre part, n'est pas sans rappeler la prolongation du contact sensoriel avec le sein maternel – a ceci de commun avec l'aménagement pervers[14] qu'il transforme l'objet de désir en objet de besoin, réalisant de ce fait ce que nous appelons l'amalgame boulimique.

L'impossible démarcation entre la sphère sexuelle et le besoin de nutrition

En quoi ce vecteur d'excitation que constitue l'appétit vient-il détourner la fonction dévolue au désir ? C'est en recherchant les rapports qu'entretient le besoin alimentaire avec la sexualité que nous mettrons en travail cette question. Car, derrière la relation objectale massivement investie ou rejetée du sujet boulimique, se révèle, comme nous l'avons mis en évidence au début de ce chapitre, une relation indifférenciée qui laisse entrevoir la primauté d'un monde archaïque peu secondarisé.

A l'évidence, Freud apporte, dans *Trois essais sur la théorie de la sexualité* (1905), un premier point de vue décisif après avoir introduit le concept d'autoconservation[15].

> *« L'activité sexuelle s'étaye tout d'abord sur une des fonctions servant à la conservation de la vie et ne s'en affranchit que plus tard. Lorsqu'on voit un enfant rassasié quitter le sein en se laissant choir en arrière et s'endormir, les joues rouges, avec un sourire bienheureux, on ne peut manquer de se dire que cette image reste le prototype de l'expression de la satisfaction sexuelle dans l'existence ultérieure. Puis le besoin de répétition de la satisfaction sexuelle se sépare du besoin de nutrition ».*

Que l'activité sexuelle soit liée à l'ingestion d'aliments apparaît ainsi comme

---

14 : Néanmoins, à la différence de l'aménagement pervers, la nourriture prend dans la boulimie la place du corps, la place de l'autre.
15 : Freud emploiera tantôt le mot reiz, tantôt le vocable trieb pour caractériser ce concept. Certains auteurs retiendront la traduction par besoin (Lacan, Laplanche), d'autres par pulsion d'auto-conservation (Chiland).

une réalité originaire faisant du sein maternel l'objet sexuel à l'extérieur du corps propre[16]. « L'objet de l'une de ces activités, rappelle Freud, est aussi celui de l'autre ».

On sait que ce temps originaire où les deux activités sont confondues cède ensuite le pas à un mouvement de séparation : la pulsion sexuelle se détache du besoin alimentaire sur laquelle elle s'étayait en lui indiquant son but et son objet. Or, c'est précisément ce détachement qui vient à défaillir dans la boulimie, détournant ce faisant le champ de la pulsion et du désir par la mise à disposition d'un néo-objet (la nourriture) dépourvu de son statut de sujet désirant et apparaissant comme la « voie finale commune de décharge de toutes les excitations » (Brusset, 1983).

Il en résulte une confusion entre besoin et désir dont on peut dire qu'elle signe l'état pathologique. Nous pouvons repérer les causes de cet amalgame en continuant de nous référer à Freud (1905).

> *« La pulsion partielle orale trouve d'abord sa satisfaction en s'étayant sur l'assouvissement du besoin de nourriture et son objet dans le sein maternel. Elle se détache alors, devenant autonome et simultanément auto-érotique, c'est-à-dire découvre son objet dans le corps propre. Également d'autres pulsions partielles se comportent d'abord de façon auto-érotique et ne se dirigent que plus tard sur un objet étranger ».*

Avant donc que les pulsions partielles soient sous le contrôle de la pulsion génitale qui préside alors au choix d'un objet extérieur au corps du sujet, l'auto-érotisme (suçotement, lèvres se baisant elles-mêmes, masturbation) a ceci de structurant qu'il instruit un mouvement séparateur réitératif qui n'est pas uniquement à l'oeuvre au niveau prégénital de l'oralité : « L'"origine" de l'auto-érotisme, écrivent Laplanche et Pontalis, serait donc ce moment, toujours renouvelable plutôt que localisable en un temps déterminé de l'évolution, où la sexualité se détache de l'objet naturel, se voit livrée au fantasme et par là même

---

[16] : « Quand la toute première satisfaction sexuelle était encore liée à l'ingestion d'aliments, la pulsion sexuelle avait, dans le sein maternel, un objet sexuel à l'extérieur du corps propre » (Freud, 1905).

se crée comme sexualité » (1967).

C'est l'échec de cet auto-érotisme – dans sa visée d'affranchissement avec l'objet[17] – qui réalise l'amalgame boulimique. Révélant l'ampleur de la faillite des zones érogènes dans leur travail de liaison libidinale, cet échec rend compte, ainsi que le soulignent de nombreux auteurs, de l'insuffisance de l'investissement érogène de la mère, l'autoérotisme ne pouvant alors remplir sa fonction de pôle de fixation.

Si, à certains égards, le comportement boulimique (que certains auteurs rapprochent de l'activité masturbatoire) peut être assimilé à une conduite auto-érotique en raison des sensations et perceptions qu'elle cherche à (re)trouver compulsivement, elle signe un auto-érotisme d'échec puisque celui-ci ne remplit pas sa fonction structurante : à savoir la possibilité d'accomplissement hallucinatoire du désir et par là même, le renoncement à la perception et à la jouissance avec l'objet primaire dans la réalité.

Notons que ce que nous qualifions d'« auto-érotisme d'échec » peut être rapproché de ce passage désobjectalisant décrit par Jeammet (1991) entre auto-érotisme positif et autoérotisme négatif, avec pour corollaire le triomphe progressif du narcissisme de mort sur le narcissisme de vie (Green, 1983) et pour but ce que Jeammet appelle « la fonction antipensée et anti-introjective du comportement ». Ce court-circuit de la pensée et des processus introjectifs montre encore une fois la tentative d'externalisation du monde interne.

Il s'aménage ainsi un mouvement régressif focalisé sur un comportement, marqué dans son caractère d'urgence par les caractères primordiaux de la relation à la mère et où s'efface la dimension libidinale au profit de la seule sensation (j'ai été frappé d'observer chez Jérémie combien les représentations de désir extra-alimentaires - rapports aux autres, activités diverses...- étaient comme déconnectées et privées de la possibilité d'être investies psychiquement).

---

17 : L'objet de la satisfaction idéale est perdu dès lors qu'il est constitué comme tel.

Il résulte de cette logique, où l'objet cherché est dissocié de l'objet total, une perte de l'articulation entre objet total et objet partiel (au sens kleinien), et même plus radicalement une perte de l'objet total « en tant qu'il est irréductiblement autre » (Brusset). On comprend dès lors que l'amalgame boulimique se situe bel et bien dans l'impossible séparation entre l'activité sexuelle et l'ingestion d'aliment, détachement qui s'opère en principe « à l'époque où il devient possible à l'enfant de former la représentation globale de la personne à laquelle appartenait l'organe qui lui procurait la satisfaction » (Freud, 1905).

Loin de protéger le sujet de la perte d'objet, ce système de relation d'objet partiel[18] consubstantiel à l'échec des bases auto-érotiques rend ainsi compte d'un trajet régrédient[19]. « Trajet inverse de celui de l'étayage de la sexualité sur l'auto-conservation, nous dit Brusset, c'est-à-dire de l'ordre du besoin » (1991). « Processus antimétaphorique, précise l'auteur, qui tend à ramener l'incorporation à l'ingestion et la représentation du sein et de la mère à l'aliment ». La boulimie apparaît dès lors comme une tentative de retour qu'il convient à présent d'étudier dans son épaisseur nostalgique et mélancolique.

Chapitre 2
Le mal du retour

En insistant sur l'appétence objectale du sujet boulimique dans les scories d'un conflit narcissico-objectal drainant une confusion sujet/objet, nous avons voulu mettre en évidence plusieurs lignes de crête :

- la dépendance à l'égard des sources objectales externes et la fonction préservatrice du lien à l'objet-nourriture « à disposition » ;

---

18 : Ce système rappelle encore une fois, dans cette dimension partielle de la pulsion, certaines modalités d'aménagement pervers auxquelles on peut ajouter la volonté de maîtrise et d'emprise sur l'objet.
19 : Nous empruntons ce terme à Couvreur (1991).

- la défaillance des processus psychiques d'intériorisation drapée d'une fragilité des assises narcissiques ;

- la recherche élective de sensations comme réaffirmation des limites et comme expression des pulsions partielles au détriment du caractère libidinal de la relation à l'objet total ;

- l'échec de l'autoérotisme dans sa visée structurante d'affranchissement d'avec l'objet et, corrélativement, l'impossible accomplissement hallucinatoire du désir.

Conséquence de ces facteurs étroitement imbriqués, la régression est au coeur de la solution boulimique. Elle nous invite à nous interroger sur le trajet accompli par le sujet boulimique d'un point de vue métapsychologique en partant initialement du constat d'un écrasement de la pensée et du travail de représentation.

Régression et court-circuit de la pensée

Comme nous l'avons en effet déjà évoqué, il y a au creux de l'agir boulimique un courtcircuit de la pensée qui a conduit plusieurs auteurs contemporains (Jeammet, Couvreur) à souligner la fonction « anti-pensée » de la conduite boulimique.

Notons d'abord, en partant du plus simple, que dans leurs effets anesthésiants tout autant que dans leur vivacité, les sensations recherchées par le sujet boulimique ont pour « avantage » d'écraser le travail de pensée et de représentation. En ce sens, si nous envisageons la question en aval (ce qui nous semblera insuffisant), le raptus boulimique permet un évitement phobique de la pensée ou plus exactement – car la pensée n'est jamais totalement absente, mais parfois étouffée – ce passage brutal de la pensée à l'acte.

Comment donc comprendre les modalités de cette régression dont nous avons déjà vu qu'elle touche simultanément des registres différents ? Cette question, en fait, a été déjà largement développée et nous savons que le déclencheur de l'aménagement régressif du boulimique se situe souvent, comme c'est le cas de Jérémie, au moment de la crise pubertaire et son corollaire d'irruption sexuelle. Certains éléments de la sexualité prégénitale ne parviennent alors pas à s'intégrer dans la sphère nouvelle de la sexualité génitale et poursuivent un destin séparé jusqu'à surgir dans le symptôme boulimique.

Un compromis est ainsi recherché dans la régression : mouvement massif caractérisé, comme nous l'avons vu, par l'échec des zones érogènes dans leur rôle de liaison libidinale et focalisé sur un comportement qui tente d'effacer les traces du désir et de ses liens objectaux. Cette double négation – des sources internes du désir et de ses liens aux objets infantiles – ne relève en fait pas d'une disposition spécifique propre à la régression boulimique. Jeammet (1991) insiste sur ce point, nous rappelant au passage que la boulimie ne ressortit pas spécifiquement d'une fixation au stade oral[20] :

> « Ce qui prime en effet, ce n'est pas l'expression orale de la boulimie, ni la forte connotation anale de la crise elle même avec ce qu'elle comporte de régression de la génitalité, mais plutôt l'importance du recours à une fonction physiologique et au caractère opératoire, de plus en plus mécanique et pauvre en expression pulsionnelle ».

Cette répétition mécanique, se débarrassant du désir et de fonctionnalité purement mortifère, ne doit toutefois pas nous faire oublier que le passage à l'adolescence, à partir duquel s'inaugure le processus régressif, implique aussi le deuil des objets primaires et un désenchantement auquel le sujet boulimique répond au prix d'aménagements coûteux.

---

20 : En rappelant que le stade oral se disjoint de l'acte alimentaire, A. Freud (1965) avait déjà insisté sur le fait que les troubles alimentaires ne correspondent pas exclusivement à une modalité de régression au niveau oral.

La nostalgie de l'objet irreprésentable

Revenons tout d'abord sur la question du court-circuit de la pensée que nous n'avons soulevé qu'en aval de la conduite boulimique. Comment expliquer, en amont, la relative désertion de la pensée avant même qu'elle ne soit étouffée par la sensation ? Cette question nous semble en fait liée à la capacité intrinsèque du sujet à se figurer l'objet absent, ainsi que le décèle Freud dans La Négation (1925).

> *« La pensée possède la capacité de rendre à nouveau présent ce qui a été une fois perçu, par reproduction dans la représentation, sans que l'objet ait besoin d'être présent au-dehors. La fin première et immédiate de l'épreuve de réalité n'est donc pas de trouver dans la perception réelle un objet correspondant au représenté mais de le retrouver, et de se convaincre qu'il est encore présent ».*

A travers sa quête permanente de la perception réelle, la boulimie ne reflète-telle pas cette impossibilité pour la pensée de rendre présent l'objet absent ?

Ainsi posée, la question implique un commencement de réponse qui nous invite à remarquer, sans nous y attarder, que la propension du boulimique à réaliser hors de l'espace-pensée ce qu'il ne peut se représenter signe, nous semble-t-il, un échec du symbolique et une difficulté à « irréaliser » (selon l'expression de Lacan) : c'est-à-dire à transposer les éléments de l'ordre réel à l'ordre symbolique en rendant le sujet capable de traiter avec l'absence, en d'autres termes avec sa présence symbolique.

Mais plus encore, il apparaît – comme nous l'avions déjà esquissé à la fin du chapitre précédent – que la quête boulimique sous-tend une tentative de récupération de l'objet perdu. « Faute d'avoir pu symboliser d'une manière suffisante cette perte, écrit Couvreur, les boulimiques semblent toujours tentés de prendre le "plus court chemin", celui de la satisfaction hallucinatoire[21] »

---

21 : Ce propos n'est pas contradictoire avec celui que nous tenions précédemment (sur l'impossible hallucination du désir) dans la mesure où l'auteur fait ici référence à la réalisation hallucinatoire de la satisfaction et non à l'accomplissement hallucinatoire du désir (la première se substituant à l'autre).

(1991). Et d'ajouter : « Cette dernière, restée sous le seul sceau du principe de déplaisir-plaisir, insuffisamment contre investie et inhibée au contact de l'objet, aboutit paradoxalement à une décharge qui vide l'appareil psychique, et aboutit à la perte de la "représentation" de l'objet, comme de soi ».

Pourquoi cette tentative désespérée de récupération de l'objet quand bien même ce dernier est, comme l'a montré Freud, perdu dès sa constitution en tant qu'objet ? Freud nous apporte en fait un éclairage dès la suite de son dernier passage sus-cité. Après avoir rappelé que la fin première de l'épreuve de réalité est de retrouver l'objet représenté et non sa perception réelle, il ajoute : « Mais on reconnaît comme condition pour la mise place de l'épreuve de réalité que des objets aient été perdus qui, autrefois, *avaient rapporté une satisfaction réelle*[22] » (1925).

On peut faire l'hypothèse que cette satisfaction reliée à l'image de l'objet ait été sévèrement entachée, ébruitant un vieux contentieux avec la mère que nous aurons l'occasion d'examiner s'agissant de la situation de Jérémie. Il n'y a dès lors pas lieu de s'étonner du fait que les conduites boulimiques ainsi que d'autres réponses addictives apparaissent, grâce à l'anesthésie qu'elles procurent, comme une défense contre l'angoisse de séparation, ainsi que le note Gérébovitch (1984).

> « Si la représentation, même interdite, suppose une absence nommable, on peut dire que l'anesthésie serait une tentative de défense contre la douleur d'une séparation qui ne peut devenir qu'absence... Et toute douleur réclame à cor et à cri une suppression toxique ».

On voit peu à peu poindre l'aspiration infantile à une étroite relation avec la mère, aspiration à emprunter un trajet régrédient – un mal (algos) du retour (nostos) propre à la nostalgie. Ce faisant, la boulimie divulgue davantage une angoisse liée à la perte d'objet, qu'une angoisse de castration, cette dernière ne

---
22 : Souligné par nous

pouvant jouer suffisamment son rôle structurant au temps génital de l'OEdipe. C'est alors à la problématique du deuil impossible que nous convoque notre sujet avec pour toile de fond les différentes modalités d'angoisse de perte. Les liens entre boulimie et mélancolie peuvent à présent être envisagés dans toute l'envergure de la question.

L'incorporation mélancolique

Rappelons pour commencer les liens structuraux qui unissent l'anorexie et la boulimie comme l'a mis en évidence Brusset[23] en soutenant que l'abstention anorectique de l'acte vaut pour l'acte dans le fantasme : « L'anorexie est une boulimie virtualisée réalisée hallucinatoirement (…). Tout se passe comme si la boulimie était réalisée inconsciemment de sorte que les effets sont hallucinés » (1991). Notons ensuite les liens que Freud établit entre l'anorexie et la mélancolie dans le Manuscrit G : « L'anorexie des jeunes filles (…) m'apparaît après observation poussée, comme une forme de mélancolie chez des sujets à sexualité inachevée » (1895). Il convient à présent, sous l'angle des rapports que nous avons entrevu entre la boulimie et la mélancolie, de reprendre deux lignes de force de Deuil et mélancolie (Freud, 1915).

- Le deuil : au sens propre du terme, le deuil génère une souffrance et un désintérêt comparable à la mélancolie, mais le travail psychique suit un destin différent : tandis que le travail de deuil consiste à désinvestir progressivement l'objet en en reconnaissant la perte, la mélancolie n'opère pas ce désinvestissement et ne s'affranchit pas de la fixation douloureuse. Le désarroi du mélancolique vient notamment du fait qu'il ne sait pas ce qu'il a perdu dans

---

23 : « Les conduites boulimiques n'ont pas dans l'anorexie mentale des rapports de contingence, mais de structure. Elles renvoient à une même problématique des relations du sujet à l'alimentation » (Brusset, 1977).

l'objet[24]. Dès lors, aucune épreuve de réalité, dût-elle être indéfiniment réitérée, ne peut permettre le travail de deuil et le renoncement subséquent à l'objet, puisque ce dernier ne peut être efficacement opposé à défaut d'être palpable. La mélancolie a donc ceci de désemparant qu'elle apparaît comme l'expression incandescente d'une perte impalpable.

- L'incorporation : attentif aux auto-reproches que le mélancolique exprime sans honte apparente et à l'absence de « correspondance entre l'importance de l'auto-dépréciation et sa justification réelle », Freud désigne la clef de voûte de l'énigme mélancolique ainsi : les auto-reproches sont en fin de compte adressés à l'objet d'amour perdu. Dans la voie tracée par Abraham, ce processus consiste en une incorporation de l'objet : le sujet, envahi par « l'ombre de l'objet », ramène en son moi propre l'objet perdu auquel s'adresse en fait les auto-reproches. Un tel mode de relation – presque anobjectal – préside à une régression au narcissisme primaire permettant à l'objet d'échapper à la désaffection générale de la réalité pour revêtir au contraire une dimension grandissante. Cette identification narcissique, en devenant le substitut de l'investissement d'amour, présente ainsi l'avantage de ne pas abandonner la relation d'amour. Le moi incarnant l'objet substitutif, la part haineuse peut alors s'exprimer par les injures que le sujet s'adresse avec autant de souffrance que de satisfaction sadique. Ainsi, tandis que le travail de deuil invite lentement à retrouver son propre investissement narcissique – et donc sa possibilité à désirer à nouveau –, la mélancolie, en rachetant en ténacité ce qu'elle perd dans l'objet, connaît un destin inverse, installant à l'intérieur du sujet « un caveau secret » (selon l'expression de N. Abraham et M. Torok, 1972).

Bien que la boulimie ne puisse être confondue avec la mélancolie, force est de constater les liens qui les unissent, à commencer par cet attachement commun à

---

24 : « On ne peut pas clairement reconnaître ce qui a été perdu, et l'on peut admettre à plus forte raison que le malade lui non plus ne peut saisir ce qu'il a perdu » (Freud, 1915).

la trace ineffable de l'objet. Attachement que nous avons qualifié jusqu'ici de « nostalgique » au sens où Freud l'entend dans Inhibition, symptôme et angoisse (1926)[25]. Attachement dont nous soulignons à présent la teneur mélancolique en ceci que l'objet qui s'y rattache ne s'offre pas au travail de deuil et rend exsangue tout nouvel investissement narcissique.

Mais plus encore, c'est dans l'incorporation du mélancolique que nous percevons le lien le plus fécond avec la problématique boulimique. Non seulement parce qu'il est une métaphore remarquable de l'agir boulimique, mais parce qu'il rend compte de processus psychiques dont deux de ses conséquences permettent d'introduire notre troisième et dernière partie.

1.L'investissement narcissique primaire

La régression du mélancolique au narcissisme primaire nous renvoie directement à la question de l'auto-érotisme que nous avons soulignée à propos de la boulimie, puisque cette expression du narcissisme est contemporaine de la phase auto-érotique. Nous pouvons même dire que l'une et l'autre se confondent[26] (à partir de la seconde topique freudienne) et rendent compte d'un deuil impossible qui est aussi l'apanage du boulimique dans sa propension à nier, sur un mode auto-érotique, l'attachement à l'objet primaire tout en se l'appropriant, tant sa perte est inacceptable. Deuil impossible qui préside à un processus d'incorporation par lequel le sujet ramène en son moi propre l'objet perdu. Mais ajoutons surtout, comme l'a souligné Freud (1914) un an avant son texte sur la mélancolie, que le narcissisme primaire de l'enfant (« His majesty

---

25 : « L'investissement de l'objet absent (perdu) en nostalgie, investissement intense et qui, en raison de son caractère inapaisable, ne cesse d'augmenter, crée les mêmes conditions économiques que l'investissement en douleur concentré sur l'endroit du corps lésé ».
26 : D'un auteur à l'autre, le concept de narcissisme primaire est sujet à des variations extrêmes, mais comme le rappellent Laplanche et Pontalis, sa distinction avec l'auto-érotisme est supprimée à partir de la seconde topique freudienne. L'un et l'autre désignent « un état rigoureusement "anobjectal" ou du moins "indifférencié", sans clivage entre un sujet et un monde estérieur » (1967).

the baby ») repose sur les rêves des parents et leurs failles narcissiques. Ce point nous paraîtra décisif lorsque nous développerons l'hypothèse selon laquelle le sujet boulimique est mû par un désir – ou une contrainte – de dédommagement.

2.L'appauvrissement du moi

De l'insuccès du boulimique à résoudre son contentieux avec l'objet, il résulte un appauvrissement du moi « terrassé par l'objet » (Freud, 1915) qu'il nous semble possible de résumer dans ce paradoxe auquel le boulimique est aussi en proie : le refus de renoncer à l'objet conduit à renoncer à soi-même. Nous nous demanderons dans quelle mesure ce renoncement procède non seulement d'un mouvement dépressif, mais aussi d'une posture sacrificielle.

C'est donc à la lumière des relations entre la boulimie et la mélancolie que nous construirons la troisième partie de cette réflexion, en adjoignant progressivement certains éléments

de notre cas clinique afin de mettre en travail notre hypothèse finale autour des liens réparateurs qui caractérisent les transactions mère-enfant. Auparavant, il convient de nous attarder sur la notion d'incorporation que nous venons d'introduire.

Troisième partie

LA BOULIMIE COMME TENTATIVE DE « DEDOMMAGEMENT » POUR LA MERE

Chapitre 1
L'incorporation,
prototype corporel de l'introjection et de l'identification

Commençons par cette notation d'Abraham (1924) qui fût, à notre connaissance, le premier à rapprocher explicitement les crises boulimiques du couple expulsion-dévoration inhérent à la mélancolie.

> « Une déception intolérable par l'objet d'amour donne lieu à la tendance à l'expulser comme un contenu corporel et à le détruire. L'introjection[27] s'ensuit, c'est-à-dire la récupération par dévoration de l'objet, forme spécifique de l'identification[28] narcissique dans la mélancolie ».

Introjection et identification : tels sont les deux axes principaux autour desquels s'organise ce premier chapitre au terme duquel nous nous interrogerons sur les spécificités de la boulimie masculine.

Incorporation répétitive, introjection impossible

Bien que les deux termes soient souvent pris pour synonymes, l'incorporation et l'introjection appellent une distinction : le premier concept se réfère explicitement à l'enveloppe corporelle en désignant celle-ci comme limite entre intérieur et extérieur ; le second, d'acception plus large, s'il trouve pour prototype l'incorporation corporelle, met surtout en évidence l'intérieur de l'appareil psychique[29] et ses différentes instances (Laplanche et Pontalis, 1967).

---

27 : Souligné par nous.
28 : Souligné par nous.
29 : L'introjection est un terme introduit par Ferenczi dans Introjection et transfert (1909) : « Tandis que le paranoïaque expulse de son moi les tendances devenues déplaisantes, le névrosé cherche la solution en faisant entrer dans son moi la plus grande partie possible du monde extérieur, en en faisant l'objet de fantasmes inconscients. On peut donc donner à ce processus, en contraste avec la projection, le nom d'introjection ».

Cette distinction nous semble toutefois insuffisante aussi longtemps que n'est pas précisé le fait que l'introjection correspond à un processus tandis que l'incorporation rend compte d'un fantasme. Cet angle de vue nous semble plus opérant, non pas afin de nous contenter d'affirmer que le fantasme sous-tend le processus, mais bien davantage afin de repérer la modification processuelle à laquelle le fantasme vient s'opposer.

Il nous apparaît en effet que le fantasme d'incorporation du boulimique s'efforce de réaliser de façon magique l'introjection « en accomplissant au propre ce qui n'a de sens qu'au figuré », ainsi que l'écrivent N. Abraham et M. Torok (à propos du deuil mélancolique). Et d'ajouter : « C'est pour ne pas "avaler" la perte, qu'on imagine d'avaler, d'avoir avalé, ce qui est perdu, sous la forme d'un objet » (1972)[30].

Nous avons suffisamment insisté sur la prédisposition boulimique à incorporer l'objet à la manière du mélancolique pour ne pas nous y étendre d'avantage, sinon pour rappeler que le sujet boulimique, dans sa propension à l'agir, semble trouver insuffisant ce processus d'inclusion dans le moi au point d'avoir besoin d'y rajouter l'ingestion.

> « *L'artifice désespéré qui consiste à remplir la bouche d'une nourriture illusoire*, écrivent Abraham et Torok, *aura pour effet supplémentaire – illusoire lui aussi – de supprimer l'idée d'une lacune à combler à l'aide de mots, l'idée même du besoin d'introjection* ».

En ce sens, et comme nous l'avions déjà remarqué dans la deuxième partie (chap. 1), si les ingestions répétitives du boulimique s'inscrivent dans le continuum de l'incorporation, elles sont consubstantielles à l'échec de ses capacités introjectives. Capacités qui, au lieu de rendre possible le deuil de l'objet, cèdent la place à une violence cannibalique dont le fantasme est d'annuler ce qui sépare et, ce faisant, de préserver l'objet en son sein. Il incombe

---

30 : N Abraham et M. Torok ajoutent peu après : « La "guérison" magique par incorporation dispense du travail douloureux du ramaniement » (1972).

ainsi tout autant de rappeler le voisinage des concepts d'incorporation et d'introjection que de souligner leur distinction, laquelle nous semble essentielle pour comprendre la spécificité de la problématique boulimique, paradigme des difficultés d'introjection.

Rappelons que le processus d'incorporation ne saurait être réduit à l'activité orale proprement dite, ni au stade oral en tant que tel[31]. Toutefois, c'est dans l'oralité que nous semble le mieux condensée l'ambivalence de l'acte boulimique. Ce point nous invite à évoquer, dans le sillage de Freud puis d'Abraham et Klein, la dimension sadique du stade oral afin de retrouver les arrêtes vives de la révolte du boulimique.

La constellation de révolte autour des tendances sadiques et haineuses

Si le mélancolique est prompt aux auto-reproches, c'est d'abord, nous dit Freud, parce que son comportement provient « d'une constellation psychique qui était celle de la révolte, constellation qu'un certain processus a fait ensuite évoluer vers l'accablement » (1915). Nous pensons que l'acte boulimique relève lui aussi d'une révolte fondatrice. Constellation dont il est difficile de retrouver cliniquement la trace, sinon dans les mouvements contre-transférentiels que l'on peut éprouver aux côtés du boulimique.

Je repense à ces moments de gloutonnerie de Jérémie. S'il m'arrivait de le prendre sur le fait, j'assistais alors à une transformation expressive surprenante étalée sur son visage qui ne demandait qu'à devenir violence. Pourtant, il s'ensuivait au contraire un moment d'accablement. Mais, alors même qu'il regrettait son acte par de multiples pardons, il ne pouvait s'empêcher d'y succomber dans la minute qui suivait, me conduisant à éprouver un sentiment de révolte, comme si j'en venais à ressentir ce que lui-même étouffait : une

---

31 : On parle d'incorporation anale en tant que la cavité rectale est assimilée à une bouche, mais aussi d'incorporation génitale à travers le fantasme de rétention du pénis à l'intérieur du corps.

rébellion qui, à défaut de trouver son destinataire, s'engloutit dans l'incorporation.

Ce retournement tient autant de la mélancolie que de la dévoration maniaque à travers la satisfaction de tendances sadiques et haineuses : « L'autotourment de la mélancolie, écrit Freud, indubitablement riche en jouissance, signifie, tout à fait comme le phénomène correspondant de la névrose de contrainte, la satisfaction de tendances sadiques et de haine qui concernent un objet et ont, sur cette voie, subi un retournement sur la personne propre » (1915). C'est chez Abraham et Klein que nous trouvons un prolongement à ces observations.

Abraham (1924), tout d'abord, définit un deuxième temps du stade oral – après le stade précoce de succion « préambivalent » – qu'il nomme stade sadique-oral marqué par l'apparition des dents et l'activité de morsure. Cette activité nouvelle consacre l'ambivalence pulsionnelle[32] (entre motions libidinales et agressives) :

> « À l'étape de l'activité buccale de morsure, l'objet est incorporé et subit la destruction, écrit Abraham Il n'est que de regarder un enfant pour mesurer l'intensité de son besoin de mordre où besoin alimentaire et libido sont mêlés. C'est le stade des impulsions cannibaliques. L'enfant succombe-t-il aux charmes de l'objet, il risque, ou est aussitôt obligé, de le détruire. À partir de là l'ambivalence règne sur la relation du moi à l'objet ».

Klein, quant à elle, soutient que la dimension sadique subsume l'ensemble du stade oral dès la phase la plus précoce[33] : « L'agressivité fait partie de la relation la plus précoce de l'enfant au sein, bien qu'à ce stade elle ne s'exprime pas habituellement par la morsure » (1952). Elle souligne aussi, dans sa *Contribution à l'étude de la psychogenèse des états maniaco-dépressifs* (1934), la prévalence des fantasmes archaïques de dévoration sadique et de destruction[34].

---

32 : Dans la théorie freudienne des pulsions, l'ambivalence rend compte d'un dualisme entre pulsions d'autoconservation et pulsions sexuelles. Puis, à partir de la seconde topique, l'ambivalence s'enracine dans l'opposition entre pulsions de vie et pulsions de mort.
33 : Klein conteste la distinction établie par Abraham entre stade de succion et stade de morsure.
34 : Je repense à ce jour avec Jérémie où je dus m'absenter quelques moments dans le bureau. En réponse à cette frustration, il dévora un paquet de sucre et de pâtes crues ; je surpris alors un plaisir de dévoration et de destruction, avant que cette expression empreinte de sadisme ne cède la place à un sentiment de honte.

Entre une perception de l'objet comme étant bienfaisant et une autre lui conférant son statut mauvais, on peut penser que le sujet boulimique s'enkyste dans l'impossibilité de surmonter l'ambivalence au stade génital (dit postambivalent), lui assignant à demeurer dans une double inclinaison : celle de préserver l'objet, celle de le détruire. Freud avai déjà mis en relief cette double polarité dans l'organisation orale de la libido où « l'emprise amoureuse sur l'objet coïncide encore avec l'anéantissement de celui-ci » (1920). Cette conjonction de l'amour et de la haine, de l'appropriation et de l'anéantissement, rend compte de difficultés identificatoires qu'il convient à présent d'examiner.

L'identification et ses spécificités dans la boulimie masculine

Que la boulimie renvoie d'avantage, comme nous l'avons vu dans la deuxième partie, à l'angoisse d'abandon qu'à celle de castration, implique que l'identification[35] n'ait pu suffisamment se structurer à travers le complexe d'OEdipe. C'est ainsi d'avantage dans la faille des identifications précoces qu'il nous faut orienter notre recherche en tant que celle-ci maintient le sujet à un mode d'identification primaire[36] corrélative de l'incorporation orale. « Au tout premier début, écrit Freud, à la phase orale primitive de l'individu, l'investissement d'objet et l'identification ne sont peut-être pas à distinguer l'une de l'autre » (1923).

---

35 : L'identification est un concept qui parcourt l'ensemble de l'oeuvre de Freud. Dans Etudes sur l'hystérie (1895), l'identification apparaît avec Elisabeth von R. comme la possibilité d'occuper des positions psychiques différentes. Freud suggère alors la coexistence de plusieurs identifications et définit un trait essentiel de l'identification comme « la pluralité des personnes psychiques ». Plus tard, Freud met au premier plan l'identification dans Psychologie des foules et analyse du moi (1921) en la définissant comme « l'expression première d'un lien affectif avec une autre personne ». L'identification du père (comme idéal du moi) s'accompagne d'un investissement de la mère (comme objet sexuel). Sédat (1993) souligne que « la confluence de cette double liaison [...] provoquera ultérieurement le complexe d'OEdipe. Enfin, c'est avec Le déclin du complexe d'OEdipe (1924) que Freud différencie avec netteté le registre des investissements de celui des identifications et repère la permutation de l'une à l'autre. La sortie du complexe d'OEdipe se situe là où l'investissement des images parentales est remplacé par un mouvement d'identification ailleurs.
36 : L'identification primaire se définit, selon Laplanche et Pontalis (1967), comme un « mode primitif de constitution du sujet sur le modèle de l'autre, qui n'est pas secondaire à une relation préalablement établie où l'objet serait d'abord posé comme indépendant ».

Par cette forme originaire du lien à l'objet, nous n'entendons pas ici celle que Freud qualifie, dans *Psychologie des foules et analyse du moi* (1921), d'identification au père de la « préhistoire personnelle », mais plutôt une identification préoedipienne marquée du sceau de la relation cannibalique (d'emblée ambivalente) qui vient rendre compte de l'aspiration boulimique à une étroite relation avec la mère : identification directe et immédiate qui se situe antérieurement à tout investissement d'objet[37] et qui pourrait ne pas trouver de possibilité de secondarisation susceptible de mettre fin à cette « lente hésitation entre le "je" et "l'autre" » (Sédat, 1993).

Nous sommes encore une fois ici proches de la configuration mélancolique en tant que celle-ci préside à une régression au narcissisme primaire et rend compte, comme l'indique Freud (1915), d'une « identification narcissique » qui, en devenant le substitut de l'investissement objectal, présente l'avantage de ne pas abandonner la relation primaire d'amour (contrairement à ce que permettent les effets du complexe d'Œdipe : à savoir permuter du champ des investissements à celui des identifications, ainsi que le note Freud dans *Le déclin du complexe d'Œdipe*).

Cette modalité primaire d'identification traduit alors la difficulté récurrente du sujet à se dégager de son « environnement primaire » (selon l'expression de Winnicott) et l'on retrouve chez Jérémie, à la frange de ses conduites agies et de ses rapts boulimiques, une tentative incessante de retrouver son univers primaire. Ses nombreuses sollicitations d'affection à l'égard des femmes du service rappellent également cette recherche de contact maternel à laquelle il ne semble pas pouvoir s'affranchir. Comment comprendre chez le boulimique cet attachement viscéral au faîte de l'adolescence, quand bien même l'adolescence implique le deuil des objets primaires et la fin de l'idéalisation des images parentales ?

---

37 : Le terme d'identification, dans cette acception primaire, peut être discuté : d'abord parce qu'il a été plus tard laissé de côté par Freud lorsqu'il différencia clairement le champ des investissements de celui des identifications ; ensuite parce qu'on ne peut, comme le rappellent Laplanche et Pontalis (1967), le rattacher en toute rigueur à un état absolument anobjectal ; enfin, parce qu'il renvoie surtout à la dépendance à la mère ainsi que le note Winnicott : « L'identification est un état de chose complexe qui ne s'applique pas aux premières étapes de la petite enfance, on parle plutôt de dépendance du petit enfant à la mère » (1956).

Brusset (1991) nous met sur la voie en rappelant tout d'abord les spécificités du développement libidinal féminin telles que Freud les a mis en évidence : déplacement de la zone érogène prédominante du clitoris au vagin, passage de l'activité à la passivité, changement d'objet (de la mère au père). Autant de bouleversements consubstantiels à l'engagement dans l'Œdipe qui impliquent la perte de l'objet primaire maternel, laquelle est pour la fille une perte de la mère comme objet d'identification et d'idéalisation.

On comprend dès lors mieux que l'irruption sexuelle inhérente à la puberté révèle une coupure primaire du lien mère-fille, coupure particulièrement vive que le choix d'objet hétérosexuel permet plus difficilement de dépasser que chez le garçon (lequel retrouve dans la femme aimée l'objet primaire et même la possibilité d'un retour à l'intérieur à la faveur de la pénétration sexuelle). L'acte boulimique tenterait ainsi de retrouver une issue au dilemme de la sexualité féminine au moment où l'adolescente s'y trouve confrontée. Ce point de vue, partagé par de nombreux cliniciens et qui repose sur le constat statistique d'une pathologie touchant essentiellement les jeunes femmes, conduit Brusset (1991) à se poser cette question : « la boulimie n'est-elle pas une virtualité permanente de la sexualité féminine ? ».

Qu'en est-il alors de la boulimie masculine dont les enquêtes épidémiologiques indiquent la rareté ? C'est encore une fois à travers la problématique identificatoire que réside, nous semble-t-il, un élément de réponse que nous pourrions résumer dans cette hypothèse : en « choisissant » une pathologie dite féminine, l'homme boulimique serait confronté à des troubles de l'identification liés d'une part à l'insuffisance du support identificatoire paternel et d'autre part à sa difficulté de s'affranchir de la « féminité maternelle primaire » (Green). Il résulterait du caractère défectueux de cette triangulation oedipienne une propension à s'identifier à la mère, tendance que – en l'absence d'enquête sur un échantillon conséquent –, nous ne pouvons confirmer en toute rigueur bien que l'analyse de notre cas clinique semble la corroborer.

Il n'en demeure pas moins cette question : si la boulimie rend compte d'un attachement aussi puissant à l'objet maternel primaire, comment en comprendre les causes et sa psychogenèse à travers l'anamnèse et l'observation clinique ? C'est, nous semble-t-il, dans les dysfonctionnements relationnels précoces, et plus précisément en ce qui concerne Jérémie dans les graves troubles psychopathologiques de sa mère, que se situent les motifs de ses conduites boulimiques : non seulement parce qu'elles viennent combler une lacune et traduire de ce fait une tentative de « guérison » ; mais aussi, comme nous nous proposerons de le montrer, parce qu'elle rend compte d'une contrainte, celle de dédommager la mère.

Chapitre 2
Le dédommagement boulimique

En nous attardant sur le thème de l'incorporation comme prototype corporel de l'introjection et de l'identification, nous avons mis en évidence le fait que la boulimie dévoile, comme l'écrivent Aimez et Ravar à propos de l'incorporation, « une lacune dans le psychisme, manque à l'endroit précis où une introjection aurait dû avoir lieu » (1988). À ce titre, la boulimie apparaît en premier lieu comme une tentative de « guérison ».

La boulimie comme tentative de « guérison » et de réaffirmation des limites

Qu'on se souvienne de l'extrait du texte de Freud (cité p. 25 puis p. 26) insistant sur le fait que retrouver l'objet n'est possible qu'à condition que ce dernier ait apporté une satisfaction réelle, et l'on voit alors bien, dans une perspective winnicottienne, que le sujet boulimique en cherchant sans fin l'objet maternel primaire l'a en fait originairement « mal trouvé » (et mal perdu), et de ce fait « mal créé » dans son univers interne. Evoquant les tendances antisociales de l'enfant (au rang desquelles il évoque la gloutonnerie[38]), Winnicott écrit : « L'enfant n'aurait pas pu créer la mère et la signification de la mère pour l'enfant dépend aussi de la puissance créatrice de l'enfant » (1956).

L'anamnèse des sujets boulimiques rappelle, comme nous l'avions déjà dit, ce constat de carences précoces, de défaut d'étayages et très vraisemblablement, s'agissant de l'histoire de Jérémie, d'une impossibilité pour la mère de développer sa « préoccupation maternelle primaire » : « maladie normale », nous dit Winnicott, qui permet à la mère de « s'adapter aux tous premiers besoins du petit enfant avec délicatesse et sensibilité » (1956). Nous savons en effet les difficultés que la mère de Jérémie a eues, dès sa grossesse, à investir son enfant puis à pourvoir à ses besoins élémentaires. Les services sociaux qui ont organisé le placement de ses cinq enfants décrivent une mère incapable de percevoir la demande primaire de ses enfants, n'y de respecter leur rythme de nourriture et de sommeil.

À travers ces différents aspects abordés, c'est bien sûr aussi à la défaillance des fonctions de « *holding* » que nous songeons, défaillance faisant le lit des dysfonctionnements relationnels précoces ôtant au tout petit la base de sécurité émotionnelle dont il a besoin. La nutrition étant un acte fondamentalement relationnel, on ne s'étonnera dès lors pas que les troubles de l'alimentation viennent refléter le caractère défectueux des interactions précoces.

Cette perspective interactionniste – permettant d'appréhender la boulimie comme tentative de suppléance – ne saurait toutefois nous faire oublier, comme nous l'avons suggéré à propos de la boulimie masculine, le rôle structurant du père : non seulement au temps génital de l'Œdipe, mais aussi – ce qui est trop rarement souligné – dans sa capacité à soutenir la mère afin que celle-ci, forte de cet étayage, puisse pleinement

---

[38] : « Un symptôme antisocial très courant est la gloutonnerie, avec l'inhibition de l'appétit qui lui est étroitement apparenté. Si nous examinons la gloutonnerie, nous trouverons le complexe de déprivation. En d'autres termes, si un enfant est glouton il y a une certaine déprivation et une certaine quête compulsive d'une thérapie par l'environnement en rapport avec cette déprivation » (Winnicott, 1956).

développer sa « préoccupation maternelle primaire » et sa fonction de « *holding* ». Or, il apparaît, à travers l'histoire familiale de Jérémie, que son père alcoolique qui décéda lorsque son fils avait 9 ans, n'a pu assumer ce rôle n'ayant jamais véritablement vécu au domicile familial.

En tout état de cause, c'est, nous le croyons, dans l'émergence de l'histoire mère-enfant – marquée par l'accumulation de vécus traumatiques – qu'il est possible de comprendre, au plus près, les motifs de la tentative de « guérison » de Jérémie. On découvre en effet dans le dossier médico-social et juridique, des pratiques répétées de fellation par la mère sur son enfant et qui donnèrent lieu à une mise en examen. On découvre aussi dans l'histoire de Jérémie une intervention chirurgicale qu'il devait subir pour un problème d'atrophie testiculaire et pour laquelle une signature par le représentant légal était nécessaire. Lors d'une communication téléphonique avec la mère, la travailleuse sociale s'entendit dire : « *C'est vrai qu'il est pas normal du bas, c'est parce que je le touchais trop, les médecins me le disaient…* ».

Il y aurait matière à s'étendre longuement sur les implications psychiques des abus sexuels dont Jérémie a été l'objet, mais, n'ayant pas retenu ce thème comme central, nous nous contenterons seulement, de deux remarques :

- Si nous ne pouvons être que frappé par le caractère oral des abus sexuels dont Jérémie a été l'objet, nous notons surtout que cette oralité touche directement sa génitalité[39] (qui, même s'il faut se garder d'établir des liaisons causales abusives, a été l'objet d'un problème d'atrophie). Un lien direct s'impose alors avec ce que nous avions déjà souligné : la difficulté du boulimique à intégrer la sphère nouvelle de la sexualité génitale au décours de l'adolescence. Comment en effet, après un tel traumatisme, ne pas vivre comme menaçante l'irruption sexuelle inhérente à la puberté au point d'être encore capable d'investir la sexualité génitale ?

---

39 : On ne peut s'empêcher de songer, si l'on se place du point de vue maternel, à cette notation de Winnicott qui pourtant ne concernait pas la question de l'abus sexuel : « Pour une femme qui fait une forte identification masculine, cette partie de sa fonction maternelle peut être spécialement difficile à réaliser, car le désir du pénis refoulé laisse peu de place à la préoccupation maternelle primaire » (1956).

- À travers cet exemple, mais aussi à travers d'autres, force est d'admettre que l'histoire infantile de Jérémie est marquée par des « traumatismes cumulatifs » (Bergeret, 1982) qui ont gravement atteint son intégrité physique et psychique. Il en résulte un vécu d'effraction : effraction du pare-excitations qui, jointe à une confusion des frontières au niveau parental, contraint le sujet à une constante réaffirmation des limites. À cet effet, nous pensons que la recherche élective de la sensation (que nous avons mis en évidence chez le boulimique) peut être interprétée ici, non seulement comme un contre-investissement du monde interne, mais aussi comme un besoin réitéré d'affirmer les limites sur le désir en réponse à la fragilité des structures pare-excitantes.

Il ressort de nos observations cliniques et des données anamnestiques que nous avons examinées, que la conduite boulimique apparaît comme une tentative de guérison en réponse aux traumatismes vécus (lorsque ceux-ci ont eu lieu) et aux privations éprouvées, lesquelles apparaissent comme une constante de la clinique boulimique. C'est ainsi que Winnicott (1956) écrit :

> « *La gloutonnerie fait partie de la compulsion de l'enfant à chercher à se guérir de sa mère qui a causé la privation* ».

Pour autant, loin de parvenir à sa fin (et à sa faim), le sujet boulimique ne s'affranchit nullement de l'emprise maternelle et s'assigne au contraire à demeurer, honni, à une place de victime dont l'étymologie (*victima, sacrifice*) nous invite à évoquer la question du sacrifice.

Le faux-self pour sacrifice

Par « sacrifice », nous n'entendons pas ici développer toute la richesse anthropologique de ce terme, mais simplement mettre en évidence le fait que l'acte boulimique, loin de permettre un « remplissage du moi », procède au contraire d'un « sacrifice du moi », en d'autres termes son effacement au profit de l'autre.

De même que pour le mélancolique, nous avons vu que l'échec du boulimique à résoudre son contentieux avec l'objet avait pour corollaire un appauvrissement du moi, lequel nous dit Freud (1915) est « terrassé par l'objet ». Il convient donc à ce stade de comprendre le sens de cet effacement en regard de l'autre, en examinant la propension du sujet boulimique à épouser le désir de l'autre, tant cet autre occupe toute la place.

La maman de Jérémie est de ces mères « expansives » qui prennent tout l'espace. Si nous avons souligné les graves carences de sa relation avec son enfant, ce n'est nullement du fait de son absence, mais au contraire en raison de sa présence quasi-ubiquitaire dans la vie de Jérémie (avant que ce dernier ne soit placé). Les visites médiatisées entre Jérémie et sa mère lors de rencontres à l'hôpital de jour corroborent ce constat d'une mère omniprésente, n'ayant de cesse de gaver son enfant de nourriture et de le combler de cadeaux (tantôt Jérémie les attendait avidement, tantôt il les détruisait et les jetait à la figure de sa mère). C'est ainsi que les attitudes excessives de cette mère apparaissent sous les auspices d'une expansion de son moi à laquelle Jérémie ne parvient à se soustraire, claquemuré dans une relation d'emprise.

Alors déporté de lui-même, c'est, nous semble-t-il, à une réaction maniaque que le sujet a recours : tantôt dans ses composantes sadiques et haineuses dont nous avons déjà examiné les ressorts ; tantôt dans un mouvement réparateur consistant, comme le note Meltzer (à propos de la réparation maniaque), « à se mettre trop fort dans la tête de l'autre » (1984). Rageant de ne jamais obtenir ce dont il a besoin, l'enfant ne trouve-t-il pas en effet pour issue paradoxale la soumission aux désirs de sa mère, en rachetant en obligeance ce qu'il perd en frustration, à travers l'acuité d'une réponse suradaptée à ses besoins ?

C'est alors dans toute sa pertinence que nous retrouvons ici le concept de « faux self »[40] développé par Winnicott (1960) et que l'auteur décrit comme suit (après avoir évoqué

---

40 : Par le vocable « self », Winnicott désigne une fonction originale qui n'est ni tout à fait le moi, ni le sujet, ni encore la personnalité. Le « faux self » fonctionne comme protection contre l'angoisse et les agressions mais est aussi révélateur d'un déséquilibre profond. La notion de « faux self » est liée à celle de « vrai self » qui abrite ce qui est vivant chez l'individu, c'est à dire son potentiel de vie psychique créatif qui donne le sentiment d'être et de vivre dans l'authenticité : conséquence d'une réussite répétée des réponses de la mère aux besoins du nourrisson.

juste auparavant les troubles de la nutrition) :

> « *Lorsque la mère ne peut pas s'adapter suffisamment bien, il y a une séduction du nourrisson qui en vient à se soumettre et un faux "self" soumis réagit aux exigences de l'environnement que le nourrisson semble accepter* ».

Ce faisant, plutôt que de vivre son propre désir, l'enfant rejoint les rivages du désir de l'autre afin de lutter contre l'émergence des angoisses dépressives, en cherchant pour maigre gratification la félicitée d'une mère que seule l'adhésion à ses exigences permet d'obtenir. Il résulte de ce dévouement un dévoiement du moi, retournement observable chez Jérémie à travers sa complaisance envers sa mère[41] et à travers des aménagements relationnels impropres à lui-même – à son identité, à son authenticité –, en ceci qu'ils sont assujettis à l'autre chez lequel il cherche la reconnaissance.

Si l'aménagement en faux self – dans l'acception que nous lui donnons ici[42] – apparaît comme une contrainte et une tentative de survivance (afin d'assurer la sauvegarde de son lien avec l'objet), elle place le sujet dans une position sacrificielle le dessaisissant de lui-même. Ainsi voyons-nous, au coeur de notre hypothèse, que les conduites boulimiques de Jérémie procèdent moins d'une volonté de se combler que de celle de combler sa mère dans les replis d'une blessure maternelle que l'enfant tente de panser.

Ne pourrions-nous pas alors parler de « préoccupation infantile primaire », où l'enfant sacrifié développe une sensibilité de plus en plus fine aux besoins de sa mère, réunissant ainsi les conditions décrites par Winnicott (1948) afin que « la mère trouve dans son enfant la vivacité et la couleur qui l'aideront à lutter contre l'obscurité, l'état de mort de son monde intérieur » ?

---

41 : Jérémie a en effet toujours en tête de faire plaisir à sa mère : enfant, il demandait régulièrement de la joindre au téléphone ; aujourd'hui encore on retrouve, à travers des substituts, cette dévotion coutumière qu'il exprime en offrant des fleurs à son assistante maternelle ou encore en lui proposant toutes sortes de cadeaux.

42 : Précisons que l'opposition entre vrai self et faux self ne recouvre pas l'opposition entre le normal et le pathologique. Le faux self est, pour Winnicott, une création normale et nécessaire, ne serait-ce que par sa fonction de protection du vrai self. Son caractère pathologique ne s'instaure que par la scission radicale entre ces deux aspects de la personnalité.

Réparation maniaque et dédommagement narcissique

Que l'enfant soit mû par un désir de réparation apparaît d'abord dans le mouvement de balançoire que nous avons déjà souligné entre d'une part, les tendances sadiques d'attaques du corps de la mère et d'autre part, les réparations maniaques subséquentes faites à l'objet. Double mouvement indissociable puisque, comme l'a montré Klein (1934), l'un vient motiver l'autre :

> *« Le moi se sent contraint (et je puis l'ajouter à présent, contraint par son identification avec le bon objet) à faire réparation pour toutes les attaques sadiques qu'il a dirigées contre cet objet ».*

La réparation apparaît donc ici étroitement corrélée à un sentiment de culpabilité ainsi que le rappelle Klein dans une note de bas de page : « Je soutiens que la source de la fixation d'un enfant à sa mère n'est pas simplement la dépendance où il se trouve à son égard, mais aussi son angoisse et son sentiment de culpabilité, et que ceux-ci se rattachent à l'agressivité qu'il ressent pour elle dans sa petite enfance » (1934).

On peut penser que le sujet boulimique, dans la violence de sa conduite agie, est d'autant plus prompt à la réparation maniaque qu'un sentiment de culpabilité l'assaille et qu'il ne parvient pas à se différencier complètement de sa mère, évitant de ce fait l'élaboration d'une position dépressive[43] (au sens kleinien du terme).

Car si les défenses maniaques (que Klein rapproche des défenses obsessionnelles[44]) s'inscrivent dans l'évolution normale, elles revêtent, comme le note Segal (1969), un caractère pathologique dès lors qu'elles deviennent excessives, empêchant le développement ultérieur d'une

---

43 : « On peut voir dans la boulimie, écrit Couvreur, un exemple de réparation maniaque pour éviter la dépression, voué à l'échec, après des expériences de frustration ou d'abandon » (1991).
44 : « Les défenses maniaques agissent en liaison si étroite avec les défenses obsessionnelles, que la peur du moi devant un échec de la réparation entreprise par des moyens obsessionnels s'en trouve accrue. Le désir de maîtriser l'objet, la satisfaction sadique de le vaincre et de l'humilier, de l'emporter sur lui, de triompher devant lui, peuvent participer dans une mesure si importante à l'acte de réparation (exécuté par les pensées, les activités ou les sublimations) que le cercle « salutaire » ouvert par cet acte se brise. Les objets qui devaient être restaurés se transformant de nouveau en persécuteurs, et les peurs paranoïdes sont à leur tour ranimées. Ces peurs renforcent les mécanismes de défense paranoïdes (consistant à détruire l'objet) aussi bien que maniaques (consistant à maîtriser, ou à le garder en état d'animation suspendue, et ainsi de suite). La réparation en cours se trouve donc perturbée ou même annulée, selon la force atteinte par ces mécanismes. L'échec de l'acte de réparation pousse le moi à recourir toujours et sans cesse aux défenses obsessionnelles et maniaques » (Klein, 1940).

relation à un objet total et, ce faisant, l'élaboration d'une position dépressive éprouvée comme un désastre. « C'est seulement après que le moi a introjecté l'objet comme un tout, écrit Klein, et qu'il peut se rendre pleinement compte du désastre provoqué par son sadisme et en particulier son cannibalisme, et qu'il peut en être affligé » (1934).

Néanmoins, à partir des liens que nous avons tissé avec la mélancolie, c'est d'avantage dans l'investissement narcissique primaire que réside, nous semble-t-il, les motifs sous jacents de la réparation du sujet boulimique au détriment du narcissisme secondaire. Perspective différente de celle de Klein puisque cette dernière, à la différence de Freud, postule une différenciation moi-objet dès le début de la vie.

Rappelons que le narcissisme primaire – vers lequel s'oriente le mouvement régressif du mélancolique autant que celui du boulimique – repose sur les rêves et les satisfactions parentales (Freud, 1914). En l'espèce, la nutrition apparaît, nous semble-t-il, comme le paradigme premier de ce commerce narcissique : quoi de plus gratifiant en effet que de voir son enfant absorber l'aliment que son parent lui donne et plus encore celui issu de son propre corps (le lait maternel)[45] ? Mais plus encore, c'est dans le prisme des failles narcissiques des parents que Freud souligne la fonction renarcissisante dévolue à l'enfant – substitut de leur narcissisme perdu :

> « *His Majesty the baby [...] accomplira les rêves de désir que les parents n'ont pas mis à exécution, il sera un grand homme, un héros à la place du père ; elle épousera un prince*, dédommagement tardif pour la mère[46]. *Le point le plus épineux du système narcissique, cette immortalité du moi que la réalité bat en brèche, a retrouvé un lieu sûr en se réfugiant chez l'enfant* ».

Ce point nous paraît décisif pour comprendre la contrainte à laquelle le sujet se sent soumis lorsque les failles narcissiques des parents sont si béantes qu'elles confèrent à l'enfant une fonction d'objet antidépresseur. N'est-ce pas en effet ce que la mère de Jérémie effectue en mettant son enfant à toutes les places, comme pour lutter contre sa propre dépression ?

---

45 : A l'inverse, les mères d'enfants anorexiques racontent souvent la violence qu'elles peuvent ressentir devant cet acte de refus, vécu comme un affront et une blessure narcissique.
46 : Souligné par nous.

C'est alors vers la mère que se tourne notre attention. D'abord parce que son désir d'enfants (« un enfant vient effacer l'autre », disait son mari lors du procès) semble répondre à un besoin compulsif de n'être jamais vide, à telle enseigne que nous pourrions parler de « boulimie d'enfants »[47] en étroite résonance avec la pathologie de son fils. Ensuite parce qu'elle a introduit dans sa relation avec Jérémie ses conflits présents et infantiles dont nous ne pouvons mesurer la teneur (puisque nous ne connaissons pas son histoire), mais dont nous savons qu'il en résulta un haut degré de confusion psychique. Enfin parce que Jérémie fût en fin de compte, comme l'écrit Lebovici, « l'objet d'un mandat familial qui peut (…) réparer les drames qui ont sali la famille », mandat qui existe toujours mais qui, au sein du climat pathogène de la famille de Jérémie (marqué de surcroît par l'absence du père), prend une tournure écrasante.

Soulignons donc que la boulimie de Jérémie ne peut être appréhendée de façon isolée ; ce symptôme donne sens à un dysfonctionnement familial global dont nous avons surtout repéré les arrêtes vives du côté maternel. Comblant un vide ressenti, Jérémie est devenu, au risque de se dissoudre en elle, l'objet nécessaire contre l'effondrement de la mère, le « lieu sûr » de son dédommagement et de son ravitaillement narcissique.

C'est en effet parce que les conduites boulimiques de Jérémie viennent répondre à la demande dispendieuse d'amour de la mère – et même plus directement à son « gavage » –, qu'il nous semble possible de confirmer l'hypothèse selon laquelle sa boulimie l'attache au destin psychique de sa mère et apparaît comme une tentative de dédommagement. Chronique d'un désir indexé à celui de la mère, assignant le sujet à payer de sa personne (faux self) à défaut d'une élaboration psychique que la difficulté de « dire »[48] rend, sinon caduque, insuffisante.

---

47 : Comment ne pas comprendre ces multiples naissances suivis d'abandons autrement que comme une quête impossible de l'objet (enfant) perdu ?
48 : « C'est parce que la bouche ne peut articuler certains mots, énoncer certaines phrases – pour des raisons à déterminer – que l'on y prendra, en fantasme, l'innommable, la chose elle-même. Le vide de la bouche appelant en vain, pour se remplir, des paroles introjectives, redevient la bouche avide de nourritures d'avant la parole » (N. Abraham et M. Torok, 1972).

Scène secrète de toutes les angoisses de perte, la boulimie apparaît sous ce jour comme une tentative de réparation révélant la massivité de l'attente à l'égard de la figure maternelle et visant à nier, comme nous l'avons vu tout au long de ce travail, la réalité psychique de la douleur dépressive que Sándor Radó[49] (1928) corrèle directement à la sensation de faim :

> « Dans la prédisposition dépressive, le point de fixation le plus profond est à chercher dans la situation que caractérise le danger de perdre l'amour, et en particulier dans la situation du nourrisson qui a faim ».

---

49 : Cité par Klein (1934).

CONCLUSION

A la lisière d'une rencontre, celle avec Jérémie, nous nous sommes interrogés sur les modalités de relation du sujet boulimique en mettant en évidence son appétence objectale que nous avons perçu comme un contre-investissement de son monde interne dans le drap d'une défaillance des processus d'intériorisation. En soulignant ensuite la fonction préservatrice du lien à l'objet-nourriture, c'est en nous intéressant au conflit d'articulation entre narcissisme et relation d'objet que nous avons poursuivi notre cheminement. Le constat d'une fragilité des assises narcissiques, consubstantielle à un défaut des étayages précoces s'est alors imposé à nous.

À travers la recherche élective de sensations, deux lignes de crêtes ont par la suite été mises en évidence : tout d'abord la réaffirmation des limites sur le désir que nous avons interprété plus loin, en regard des traumatismes de Jérémie, comme réponse à l'effraction des structures pare-excitantes ; en second lieu, à travers l'échec de l'auto-érotisme, l'impossible démarcation entre désir et besoin, réalisant de ce fait ce que nous avons appelé l'amalgame boulimique.

En nous intéressant ensuite au trajet régrédient accompli par le boulimique, son agir nous est apparu comme un court-circuit de la pensée et le plus court chemin pour retrouver l'objet maternel primaire dont le deuil semble impossible. C'est alors par les liens établis entre la mélancolie et la boulimie que nous avons cherché à montrer que l'incorporation signait l'échec des processus introjectifs et identificatoires, ramenant le sujet à un investissement narcissique primaire reposant sur les failles narcissiques parentales.

Si l'ensemble de ces éléments ont mis en relief l'oscillation de l'acte boulimique entre quêtes objectale et narcissique, ils ont surtout concouru à révéler la massivité de l'attente à l'égard de la figure maternelle et l'indexation du désir du sujet à celui de sa mère (faux self). Aussi avons-nous pu, au fil de notre construction théorico-clinique, faire émerger notre hypothèse finale selon laquelle le sujet boulimique paye de sa personne pour éviter l'effondrement de sa mère, dans une position sacrificielle le dessaisissant de lui-même.

Loin d'épuiser notre sujet, cette recherche laisse toutefois entières maintes énigmes au premier rang desquelles se pose la question du père. Si celui-ci nous a semblé en arrière plan, c'est en raison de son absence dans notre cas clinique et parce que la boulimie, y compris masculine, s'affranchit difficilement de la « féminité maternelle primaire » (Green). Il n'en demeurerait pas moins important d'interroger le sens de cet effacement en regard du mythe de la horde (qui dévore le père pour se l'approprier) et surtout à l'aune de la question de la filiation. L'acte boulimique ne viendrait-il pas chercher à inscrire ce qui n'a pas pu s'inscrire et, de ce fait, rendre compte d'une trace, d'un « marqueur » corporel, à partir duquel le sujet tente de s'affilier dans les failles de sa filiation ?

Au terme de ce cheminement et en forme d'ouverture, ce sont des questions sur la posture clinique, centrées sur l'accueil et la prise en charge thérapeutique des sujets boulimiques qui m'animent en corps (pourrait-on écrire). Sans toutefois les développer, nous conclurons ce travail en en évoquant quelques-unes essentiellement liées aux mouvements transféro-contre-transférentiels :

- Face au désir du sujet boulimique d'être nourri et sustenté tout en niant toute forme de dépendance à l'autre, comment trouver une juste distance relationnelle entre d'une part, un étayage et une bienveillance nécessaires afin de restaurer une enveloppe contenante et des assises narcissiques, et d'autre part, un recul suffisant afin de parer aux attaques du cadre mais aussi d'éviter l'éveil d'un vécu d'intrusion, synonyme de rupture ?

- Comment soutenir la parole et l'activité de penser du sujet sans que l'intervention du clinicien ne soit vécue comme un incorporat inassimilable, en évitant de ce fait un double risque souligné par Brusset (1991) : celui du gavage comme du rejet, celui de l'inanition psychique comme de l'excitation psychique ?

- Enfin, à l'appui de ce que nous avons mis en évidence au sujet des projections de la mère sur l'enfant et de sa propension à introduire dans les relations précoces ses conflits présents et infantiles, comment le psychologue, lorsqu'il en a la possibilité, peut-il médiatiser l'interaction en déplaçant le « bombardement fantasmatique » dont l'enfant est l'objet ?

BIBLIOGRAPHIE

ABRAHAM K., 1924, "Esquisse d'une histoire du développement de la libido basée sur la psychanalyse des troubles mentaux", in *Développement de la libido*, Œuvres complètes, p.255-313.

ABRAHAM K., 1916, "Examen de l'étape prégénitale la plus précoce du développement de la libido", in Développement de la libido, Œuvres complètes, p.231-254.

ABRAHAM N., TOROK M., 1972, "Introjecter - incorporer", in *Destin du cannibalisme*, Nouvelle Revue de Psychanalyse, n° 6, Paris, Gallimard, p.111-122.

AIMEZ P., RAVAR J., 1988, *Boulimiques. Origines et traitements de la boulimie*, Paris, Ramsay, 145 p.

BERGERET J, 1972, *Psychologie Pathologique*, Paris, Masson, 2000, 338 p.

BINSWANGER L., 1960, *Mélancolie et manie*, Paris, PUF, 1987, 136 p.

BION W.R., 1962, *Une théorie de l'activité de pensée*, Paris, PUF, 1967, p.125-135.

BRAUNSCHWEIG D., FEIN M., 1975, *La nuit, le jour : essai psychanalytique sur le fonctionnement mental*, Paris, PUF, 302 p.

BRUSSET B., 1983, *L'assiette et le miroir. L'anorexie mentale de l'enfant et de l'adolescent*, Paris, Privat, 273 p.

BRUSSET B., 1984, "Anorexie mentale et toxicomanie", in *Adolescence* 2, 270 p.

BRUSSET B., 1991, "Psychopathologie et métapsychologie de l'addiction boulimique", in *Boulimie*, Monographie de la Revue Française de Psychanalyse, Paris, PUF, p.105-132.

CARLAT D.J., CAMARGO C.A. P., 1991, "Review of bulimia nervosa in males", *in Am J Psychiatrie* 148, Washington, p.831-843.

CICCONE A., 1998, *L'observation clinique*, Paris, Dunod, 128 p.

COUVREUR C., 1991, "Sources historiques et perspectives contemporaines", in *Boulimie*, Monographie de la Revue Française de Psychanalyse, Paris, PUF, p.13-45.

FEDIDA P., 2000, *Par où commence le corps humain. Retour sur la régression*, Paris, PUF 119 p.

FERENCZI S., 1909, "Transfert et introjection", in P*sychanalyse*, OEuvres complètes, Paris, Payot, p. 93-125.

FLAMENT M., JEAMMET P., REMY B., 2002, *La boulimie. Comprendre et traiter*, Paris, Masson, 220 p.

FREUD S., 1895, "Lettres à Fliess (Manuscrit G)", in *La naissance de la psychanalyse*, Paris, PUF, 1996, p.91-97.

FREUD S., 1897, "Lettres à Fliess (lettre n° 55)", in *La naissance de la psychanalyse*, Paris, PUF, 1996, p.163-164.

FREUD S., 1905, *Trois essais sur la théorie de la sexualité*, Paris, Gallimard, 1974, 189 p.

FREUD S., 1914, "Pour introduire le narcissisme", in *La vie sexuelle*, Paris, PUF, 1973, p.81-105.

FREUD S., 1915, "Pulsions et destins des pulsions", in *Métapsychologie*, Paris, Gallimard, 1968, p.11-44.

FREUD S., 1915, "Deuil et mélancolie", in *Métapsychologie*, Paris, Gallimard, 1968, p.147-174.

FREUD S., 1920, "Au-delà du principe du plaisir" in *Essais de psychanalyse*, Paris, Payot, 1970, p.7-81.

FREUD S., 1925, "La négation", in *Résultats, idées problèmes*, Paris, PUF, 1985, p.135-139.

FREUD S., 1926, *Inhibition, symptôme et angoisse*, Paris, PUF, 1951, 102 p.

FREUD S., 1938, *Abrégé de psychanalyse*, Paris, Puf, 1949, 86 p.

GÉRÉBOVITCH F., 1984, *Une douleur irrésistible (sur la toxicomanie et la pulsion de mort)*, Paris, Inter Editions, 137 p.

GREEN A., 1983, *Narcissisme de vie, narcissisme de mort*, Paris, Ed. Minuit, 280 p.

GRUNBAUM A., 1984, *The foundations of Psychoanalysis : A Philosophical Critique*, Berkeley, Univ. California Press.

IGOIN L., 1979, *La boulimie et son infortune*, Paris, PUF, 150 p.

IGOIN L., 1981, "L'amour à contrecoeur", in *L'emprise*, La Nouvelle Revue de Psychanalyse, n°24, Paris, Gallimard, p.269-279.

JEAMMET P., 1991, "Dysrégulations narcissiques et objectales dans la boulimie", in *Boulimie*, Monographie de la Revue Française de Psychanalyse, Paris, PUF , p.81-104.

JEAMMET P., 1993, "L'approche psychanalytique des troubles des conduites alimentaires", in *Neuropsychiatrie de l'Enfance*, 41 (5-6), p.235-244.

JEAMMET P., 1997, "La violence comme réponse à une menace sur l'identité", Revue de Psychanalyse, Filigr@ne, volume 6, n°1, Québec.

KAES R., 1987, "Quelques fondements institutionnels de la vie psychique dans l'équipe soignante », in *Les groupes thérapeutiques*, Lyon, Césura Lyon Edition, p.71-80.

KHAN M., 1979, *Figures de la perversion*, Paris, Gallimard, 1981, 290 p.

KLEIN M., 1934, "Contribution à l'étude de la psychogenèse des états maniaco-dépressifs", in *Essais de psychanalyse*, Paris, Payot, 1972, p.311-314.

KLEIN M., 1940, "Le deuil et ses rapports avec les états maniaco-dépressifs", in *Essais de psychanalyse*, Paris, Payot, 1972, p.341-369.

KLEIN M., 1952, "Somme theoretical conclusions regarding the emotional life of the infant", in *Developments*, 206 p.

LAPLANCHE J., PONTALIS J.B., 1967, *Vocabulaire de la psychanalyse*, Paris, PUF , 525 p.

MCDOUGALL J., FINE A., 1991, "Entretiens sur la boulimie", in *Boulimie*, Monographie de la Revue Française de Psychanalyse, Paris, PUF , p.143-151.

MELTZER D et al., 1984, *Explorations dans le monde l'autisme*, Paris, Payot, 266 p.

SEDAT J., 1993, "Identification", in *L'apport freudien*, Paris, Bordas, p.170-172.

SEGAL H., 1969, *Introduction à l'oeuvre de Mélanie Klein*, PUF, 141 p.

WIDLOCHER D., 1995, "Un cas n'est pas un fait", in *L'inactuel n°3*, Intérêts de la psychanalyse, Paris, Calmann Lévy, p.87-103.

WINNICOTT D.W, 1948, "La réparation en fonction de la défense maternelle organisée contre la dépression ", in *De la pédiatrie à la psychanalyse*, Paris, Payot, 1958, p. 83-89.

WINNICOTT D.W, 1956, "La préoccupation maternelle primaire", in *De la pédiatrie à la psychanalyse*, Paris, Payot, 1969, p. 285-291.

WINNICOTT D.W, 1960, "Distorsion du moi en fonction du vrai et du faux "self" ", in *Processus de maturation chez l'enfant*, Paris , Payot, 1970, p.115-131.

Oui, je veux morebooks!

i want morebooks!

Buy your books fast and straightforward online - at one of the world's fastest growing online book stores! Environmentally sound due to Print-on-Demand technologies.

Buy your books online at
www.get-morebooks.com

Achetez vos livres en ligne, vite et bien, sur l'une des librairies en ligne les plus performantes au monde!
En protégeant nos ressources et notre environnement grâce à l'impression à la demande.

La librairie en ligne pour acheter plus vite
www.morebooks.fr

OmniScriptum Marketing DEU GmbH
Heinrich-Böcking-Str. 6-8
D - 66121 Saarbrücken
Telefax: +49 681 93 81 567-9

info@omniscriptum.de
www.omniscriptum.de

Printed by Books on Demand GmbH, Norderstedt / Germany